JN233853

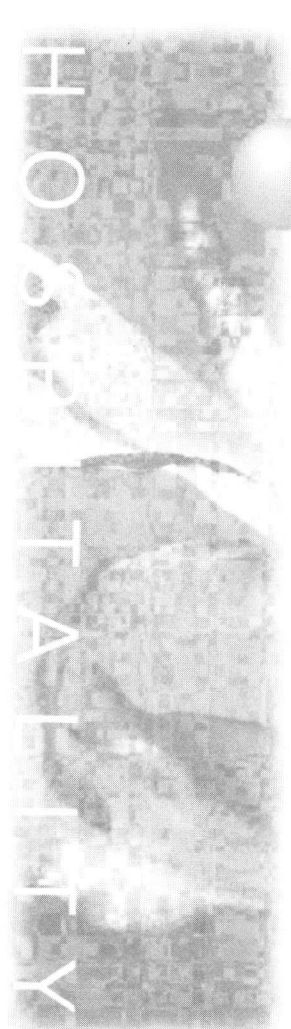

ホスピタリティ
概論

古閑博美　著

学文社

ホスピタリティ概論・もくじ

序にかえて …………………………………………………………5

第1章　ホスピタリティへの理解
1.1　ホスピタリティとは ………………………………………11
1.2　ホスピタリティの理念 ……………………………………15
1.3　ホスピタリティの定義と調査結果 ………………………25

第2章　ホスピタリティへの取り組み
2.1　行為としてのホスピタリティ ……………………………47
2.2　ホスピタリティと倫理 ……………………………………52

第3章　キュロスのホスピタリティ
3.1　もてなしへの視点 …………………………………………59
3.2　キュロスの生涯とホスピタリティ ………………………61
3.3　キュロスの持て成し ………………………………………81

第4章　『日の名残り』にみる執事のホスピタリティ
4.1　執事の職業意識とホスピタリティ ………………………84
4.2　注目される執事職 …………………………………………91
4.3　『日の名残り』にみる執事のホスピタリティ …………95

第5章　福祉とホスピタリティ―大高善兵衛の行為―
5.1　大高善兵衛にみるホスピタリティ ………………………112
5.2　行動を突き動かすもの ……………………………………117
5.3　引き受けと持ち出しの行為 ………………………………119
5.4　ホスピタリティを掘り起こす ……………………………122

5.5　第二・第三の大高善兵衛を生む ……………………………………… 125

第 6 章　日本にみるホスピタリティ

6.1　20世紀のホスピタリティ元年 ………………………………………… 128
6.2　ホスピタリティの日本語表現 …………………………………………… 130
6.3　道徳心の涵養とホスピタリティ ………………………………………… 135
6.4　ホスピタリティと国際交流 ……………………………………………… 137
6.5　「定」にみる倫理 ………………………………………………………… 138
6.6　架空と事実によるホスピタリティ ……………………………………… 143
6.7　茶道にみるホスピタリティ ……………………………………………… 150
6.8　ホスピタリティと「心」 ………………………………………………… 155

第 7 章　魅力あるホスピタリティ

7.1　ホスピタリティの問題点 ………………………………………………… 158
7.2　新聞記事からホスピタリティを探る …………………………………… 160
7.3　ホスピタリティへの今日的視点 ………………………………………… 165
7.4　ホスピタリティの理解と実行 …………………………………………… 168
7.5　ホスピタリティとサービス ……………………………………………… 170

終章　魅力行動学とホスピタリティ ………………………………………… 182

付録 ……………………………………………………………………………… 184
参考文献 ………………………………………………………………………… 190

序にかえて

　日本の産業界や教育界で「ホスピタリティ」(hospitality) が注目されるようになったのは，1990年代に入ってからといえる。無論，それ以前にもホスピタリティ産業（Hospitality Industry 米国では，狭義には観光・余暇産業，広義には医療・保険・金融産業を含むとし，80年代に呼称されはじめた），なかでもホテル等ソフト・ソサエティ（Soft Society）といわれる観光・余暇関連産業でホスピタリティの重要性は自明のことであったが，今日みられるようなそれへの注目や認識，取り組みの高まりは90年代以降，顕著になった。

　今では，ホスピタリティをサービスの中核にすえた実務レベルの研修やそれを冠した書籍が数多く出版されている。学校教育も例外ではなく，講座を設置する大学が増え，ホスピタリティを中心研究課題とする学会活動や個々の研究活動が活発化の様相を呈している。「人はついに孤独ではおれないものだ」(Selye, H.) というが，筆者は，それをホスピタリティが相互の関係性を深める行為であることや，人間的ぬくもりを他者に対し具現化する行為であることに注目している。

　本書は，第1章「ホスピタリティへの理解」，第2章「ホスピタリティへの取り組み」，第3章「キュロスとホスピタリティ」，第4章「『日の名残り』にみる執事のホスピタリティ」，第5章「福祉とホスピタリティ―大高善兵衛の行為―」，第6章「日本にみるホスピタリティ」，第7章「魅力あるホスピタリティ」から成り，ホスピタリティをことばや行為のうえから考察した。特に，人の行為からそれを抽出することを試みた。

　また，ホスピタリティの普遍性と日本的ホスピタリティについて取り上げた。ホスピタリティは，教育や文化と深く関わる側面をもち，人間行動の思いもかけない発展と深化の可能性を秘めた行為として提示した。

　筆者がホスピタリティということばを知ったのは，三十数年前に航空会社に勤務した経験にさかのぼる。当時，筆者のそれへの認識は「限られた時間

や空間のなかで客をあたたかい心で親切にもてなすことであり，サービス業にたずさわる者に必要とされる行為」というものであった。

客室乗務員になるための訓練で，客を歓待するのに必要な言語・非言語表現（言葉づかいやしぐさ，立居振舞いなど），サービスの質が高いことや客の要望に満足を与えることを徹底して追求する姿勢をもつこと，すなわち，「顧客満足」や「顧客第一」の姿勢とその具体的表現法を学んだ。乗員は，乗客に付随するさまざまな条件に配慮する義務があり，それは盲導犬など人以外も対象となる。

通常，サービスは相手にみえる（わかる）形で提供するのが望ましいとされる。訓練は，それを徹底的に理解し，身体が自然に反応するようになるまでおこなわれる。接客の基本にNHK方式といえるものがある。客にニコニコ（N）と笑顔で接し，はきはき（H）としゃべり，きびきび（K）と立ち働くというものだが，それには，自分自身とその心の働きをみつめる作業が不可欠である。マニュアルは，あくまでサービスのスタートラインに立つための手引（書）であり，そこに示されていることは出来て当たり前のこととなる。

サービスには，①かゆいところに手が届く，②過剰かつ無意味な働きかけをしない，があり，その対象は民族，国籍を問わず老若男女である。マニュアルで定められた手順に従うサービスにとどまることなく心からのもてなしを具体的に表現するのがホスピタリティと理解するならば，ホスピタリティ・スピリット（Hospitality Spirit「他者に尽力する精神」）が無視できない。

スピリットは「生命の原動力」「精神」「心」「魂」などの意味をもち，人の行動に意味を付与する頭脳的・心的働きを指す。生活のあらゆる場面で，豊かな社会性，親切や正直といったよき資質を伸ばす教育と働きかけがあることが，ホスピタリティ・スピリットの涵養に寄与する。

若き日の筆者にとって，ホスピタリティとはあくまで仕事に限定したものであり，日常生活にその理念を取り入れ自己の人間形成に反映させるや社会

的視点に導入する意識までには至らなかった。時間の経過や社会の変化とともにホスピタリティへの関心が深まり，日本ビジネス実務学会第16回全国大会（1997年6月5日）での「ビジネスとホスピタリティ」と題して発表したのを皮切りに，本格的に取り組み始めた。大会では，ビジネスとホスピタリティは互いに相容れないものではないとしたうえで，ビジネス倫理や道徳意識の喚起，国際時代の他者理解と配慮，環境問題等の観点から次世代への関心を持ち続ける重要性を主張した。

　20世紀は科学が高度な発展を遂げ技術革新が連続するなか，国際化や情報化が推進され地球上の多くの社会で繁栄をみるに至った。反面，物質・情報文明の構築と戦争体験からは，人（民族）と人（民族），国と国，あるいは環境と人との関係について見直しを迫られた世紀でもあった。背景に，人として生きる権利や幸福を希求するうねりや，限られた資源の星地球への認識が高まってはきているものの人類社会の発展の代償として環境破壊がすすむほか，経済の地域格差が拡大し，文化摩擦や宗教的確執が依然としてやわらぐことのない状況がある。

　その一方，人類はこういった事柄への危機感を共有し，尊厳ある自己や社会を取り戻す懸命の努力を続けている。「私は地球社会の一員としてなにができるのか」「私は他者とどう向き合おうとしているのか」などの課題に，世界各地で多くの人びとが取り組んでいる。

　日本では，幸福への追求がもっぱら物量や経済的尺度で計られるようになっていくにつれ，人びとのあいだで物欲が強まり拝金主義が横行し，80年代にはバブル経済の全盛を迎えた。やがてバブル崩壊の仕儀となったが，泡沫の経済活動というには人びとや社会に与えた影響は大きく，バブル崩壊後も金や物志向の生活をあらためることなく，また，そういった生活を追い求めるのに何の疑問も感じない人びとが多く残された。

　こういった風潮に対し「心の時代」を提唱する声が各方面からあがったが，明確な理念を浸透させるところまでは至らず，21世紀は「不の時代」と

して幕開けしたといっても過言ではなかろう。経済不況が続くなか，人びとの表情はやわらぐことなく険しさの度合いを増し，互いに関係を取り結ぶことに不信をいだいているようにみえる。

　子どもからおとなまで，昨今，容易に，不平不満・不仁・不作法・不法・不徳・不実といった態度や行為がみられ，不撓不屈（困難に負けない）・不昧（ふとうふくつ）（心が欲にくらまされない）・不欲（ふまい）（欲がない）という「不」は，やや分が悪い。

　第二次大戦後，日本は先進的かつ物質的に豊かな社会の実現をみたが，今日，反社会的・非社会的行動や凶悪犯罪が頻発しているのはなぜか。社会で引き起こされる心貧しくも非道な事件の数々に多くの人びとは戸惑いを感じつつ，しかしこれといった妙薬がみつけられないまま心を閉ざしがちだ。ホスピタリティへの注目は，このような状況と無縁ではなかろう。

　誰であれ，自己の利益や思想に偏った利己的な言動に終始すれば，その立場は危うくなると知らなければならない。たとえば，企業が自己の利益追求に固執して顧客を無視するような経済行為に終始するならば，企業存続や活性化のための社会的支持を得ることは困難な時代が形成されつつあるのは自明である。今や，企業は，その活動が社会的責任を果たすというだけでは不足であり，より積極的に，社会に貢献する企業倫理の確立と実行が求められていることを認識すべきである。戦争や災害被害，政治的事由による孤児や難民救済，難病への取り組みも同様の考え方の延長線上にあるといえよう。

　世界的規模で情報化とそのネットワーク化が推進されるなか，人びとは情報のあり方や行方について，なかでも，情報がどのように自己と関わるかについて関心をいだくようになってきた。めまぐるしく変化する社会情勢のなかで，人びとはぬくもりのある他者との関わり（情報交換や接触）を模索している。

　人間社会の繁栄が政治経済や科学技術の恩恵によることに異論はないであろう。そのうえで，筆者は，政治的・経済的活動，科学が追求し解明しようとするものや技術の開発が目指すものが，人間社会に何をもたらそうとして

いるかについてホスピタリティの観点から問いかけたい。経世済民の理想の実現，職業倫理の確立や人として魅力行動を模索するなかに，個々の人間存在を忘れない共存共栄の社会（互いに持て成し合い尊重し合う社会）を構築する道が開けるのではないかと考えている。

利益追求の経済活動とホスピタリティの組み合わせは，それによって新たな経済効果と業界のイメージ・アップをはかろうとする企業側の戦略的取り組みは無視できない。ホスピタリティ産業が推進するホスピタリティは商行為の一部とみなされる一方，行為それ自体に商行為を超えたなにかを生み出す人間的振舞いを見出すことが可能である。

近年，人への評価として，企業がIQ（知能指数）以外にEQ（心の知能指数）にも注目するようになってきたのは人間性重視の姿勢として評価できる。仕事に限らず，社会で，他者との関わりなしに遂行できるものはなにひとつないといってよく，多くの場面でコミュニケーション能力，魅力行動（礼儀作法を身につけているや立居振舞いなど），態度能力（人柄といえるもの）や対人能力（人間関係を構築し，関係を調整したり維持したり育んだりする能力）が高いことなどが期待されている。そして，ホスピタリティにもこれらの能力は必要とされている。

最後に，最初に本書を執筆するきっかけを作ってくださいました加藤克典氏と，その後，出版をお引き受けくださいました学文社に心から感謝いたします。編集の稲葉由紀子さんにはこのたびもお世話になりました。記してお礼申し上げます。ホスピタリティの実践研究会，ご教示を賜った石平光男氏，味わい深いイラストを添えてくださった松野安男氏に深謝いたします。

　2003年春輝く日

緑園の一隅にて

古 閑 博 美

第1章 ホスピタリティへの理解

　物質文明の恩恵にあふれた科学万能の現代社会で，近年，ホスピタリティ（hospitality）が注目されている。産業界だけでなく，行政や大学においても「ホスピタリティ」を冠した政策や講座が実施されている。
　2002年に日韓共同で開催されたサッカー・ワールドカップは，チームやサポーターをもてなすさいのキーワードとしてホスピタリティをあげた自治体や担当者が少なくなかった。[1] こういったイベントへの導入というだけでなく，職場やキャンパスにホスピタリティを取り入れることを提案する企業や大学が増えている。また，地域社会でも，活性化や観光客誘致のためのホスピタリティ運動を展開している自治体は増えてきている。生活全般にわたる魅力行動の見地から，ホスピタリティは日常生活にも導入されてよいものといえる。[2]
　ホスピタリティは人のぬくもりを感じさせる行為だが，便利な機材や用具の開発と発明が，快適なホスピタリティの実現に貢献していることは疑う余地がない。しかし，ホスピタリティは人の行為が本来的なもので，その理念とともに行為する個々人の意志や感情の働きが無視できない。今後，ホスピタリティを機械が代行する場面が増えていくであろうが，それには人間らしい視点（プログラミング）があるという前提が欠かせない。
　本章で，ホスピタリティへの理解を深め，実行や実践への手がかりを探り，それがもたらす豊かな人間関係の構築について考察する。

1.1　ホスピタリティとは

　ホスピタリティは，一般に「他者をあたたかく迎えもてなす」意のあるこ

とばとして知られる。もてなす（持て成す）行為は，相手を受け入れることであり，引き受けたり迎え入れたりすることからはじまる。ホスピタリティの理解の一助として，「人が人たる所以を示す行為」であることをあげたい。

1.1.1　ホスピタリティの歴史

ホスピタリティの語源は，「客」(Guest, Visitor)「客（兵士など）をもてなす主人」(Host, Entertainer)「旅人」(A person bound to one of another town, country, etc.)「異邦人」(Stranger, Foreigner　新約聖書ではユダヤ人以外の人)を意味するラテン語のhospesにさかのぼることができる。その派生語であるhospitālis[3]は，交通機関や旅館等が整備されておらず，旅する手段がまったくといってよいほど発達していなかった時代に，危険と隣り合わせになりながら巡礼する異邦人を歓待することを意味した。

古代ギリシアの時代，異なるポリスの住人（同胞）である旅人を手厚くもてなすことがゼウス・クセニオス（Zeus Xenios「主客の義を守るゼウス」）の信仰としてあった[4]。ホスピタリティの精神（Hospitality Spirit：旅人を手厚く保護する精神）[5]は，精神の高潔さや信仰（「外国人を保護するゼウス」とゼウスに仕え外国人を守る神）とともにあるもので，それに裏打ちされた義を重んじる態度[6]は，人同士の心の交流をともなった親密さや信頼関係に結ばれた交際に連結するものであった。

外国人を保護する考え方には，信仰と共に恐れ，同情，憐れみといった感情の働き，慎みや徳の涵養，そして，正義や公平の概念が見出せる[7]。プラトン（Platōn B.C. 427～B.C. 347）は，つぎのように記す[8]。

> 外国人に対しては，彼らとの契約をとくに神聖なものとみなさなければならない。なぜなら，すべて外国人に対する罪は，同国人同士のそれに比べて，復讐の神にいっそう深い関わりを持つといえよう。なぜなら，外国人は仲間も身寄りも持たないのだから，人間からも神々からも，いっそう同情されてしかるべきなのだ。したがって，復讐する力のある者は，いっそう熱心に援助を与えるが，とくにその力を具えている

のは,「外国人を保護するゼウス」に仕えて,それぞれの場合に外国人を守るダイモーンや神である。ゆえに,いささかなりと将来を慮る明を具えた者は,その生涯に至るまで,外国人に対する罪を何ひとつ犯すことのないように,大いに注意しなければならない。

さらにまた,外国人に対してであれ,同胞に対してであれ,もろもろの罪のうち,歎願者に関するものは,誰にとっても最大の罪となる。なぜなら,歎願者が,歎願のさいに約束をとりつけるにあたって,証人として立てた神は,苦しむ者の特別の保護者となるから,約束をとりつけた者が,その受けた苦しみの復讐をしてもらえないということは,けっしてありえないであろうから。

ホスピタリティは,ギリシア語の $\Phi\iota\lambda o\xi\varepsilon\upsilon o$(フィロクセノス=外来者への愛)の対応語で,新約聖書では一義的に「旅人をもてなす」[9]として用いられている。ホスピタリティの今日的理解の拠り所としての語法は,この新約聖書の「旅人や客を親切にもてなす」(歓待する)とされる。

そこでの「もてなし」は,対象を差別することなく「自分を愛するように他者を愛する」行為の表われとして示唆され,「神と隣人を愛せよ」[10]というユダヤ・キリスト教の倫理が根底にある。出エジプト記にみるように,亡命者や寄留の外国人に対して差別をしないという隣人愛の理念がある。それは,集団や組織から落伍者を出さない共生のあり方を示すものである。

ホスピタリティの理解にはヘレニズムとヘブライズムへの理解が欠かせないが,語源からも歴史的にも妥当なことである。

1.1.2 ホスピタリティへの注目

今日,ホスピタリティは「ホスピタリティ産業」(Hospitality Industry)[11]のことばからも広く知られるようになった。これは,1980年代にアメリカで使用されはじめた呼称であり,この産業は,日本では第三次産業に分類されている。

ホスピタリティは,客や旅行者,病人を対象とする行為というだけでな

く，社会的救済の見地から難民やホームレス，そして被災者に対しても実行されてきた。旅人を手厚く保護することから出発したホスピタリティの精神は，その理念（隣人愛）とあいまって，今日に至るまで，戦争，災害，政治的事由によって生じた捕虜や被災者，難民等の保護や処遇に生かされている。

日本では，ホスピタリティは1990年代に入って，産業，教育，医療や福祉等の分野で注目されはじめた。その多くは経済や経営の視点から考察し，ホスピタリティを資本主義における有効な資財とみなしている。[12]

しかし，ホスピタリティが，その行為そのものが利益に直結する面を強調して終わるものでないことは明らかである。ホスピタリティは，マインド（［感情・意志に対して］知，知性，［思考・認識・判断などの働きをする］精神）からもスピリット（［物質に対して］精神，［感情の座としての］心，心［気］構え）からも考察され，なおかつ身につけることが推奨されている。新約聖書のGood Samaritan（「ルカによる福音書」「善いサマリア人」：10. 25–37）は，苦しむ人の真の友（隣人）を示すものとして，欧米では日常的に語り継がれている。[13]

では，ホスピタリティは，ある特定の民族にみられる特殊かつ固有の行為であろうか。いや，そうではあるまい。それは，さまざまな事由で難儀している人や老人，孤児，寡婦，病人等弱者とみなされてきた他者をできるだけ快適にもてなそう（遇しよう）とする意志の表われであり，古今東西を問わず価値ある人間の行為とされている。自分と異なる条件下に生きる人びとを無視しないもてなし（他者と関わる行為）は，人類の努力目標のひとつとして掲げられてきた行為といえよう。

その意味で，ホスピタリティは普遍的行為に位置づけられる。行為を支える信仰や信条，思想的背景はそれぞれ異なるといえども，ホスピタリティは異種の要素を内包している人同士の出会いのなかで起こる触れ合い行動であり，発展的人間関係を創造する行為といえる。触れ合い行動とは「人が人を人として視野に入れ，人として遇する行為」である。[14]

よって，人同士の出会いを支え，深める根底に「隣人愛」(キリスト教) だけでなく，「慈悲」(仏教) や「義」(儒教) の倫理を見出すことが可能となる。

1.2 ホスピタリティの理念

ホスピタリティは，人の行為を指すことばとして長い歴史をもつ。欧米社会では，人同士の出会いの場で有効な行動倫理や理念をもつことばとして認知されている。

1.2.1 他者と関係し合う行為としてのホスピタリティ

ヒトの特徴として，「直立二足歩行」「脳の発達の著しさ」「視覚が発達し嗅覚が退化」「言語表現」「文化的生活を送る進化を遂げた」がある。社会生活を営む文化（人間の営みすべてを含む）や技術をもつ人が，孤立的生活より集合的社会生活を選択し営んできたことは，考古学の発掘調査等からも解明されている。人類には，「独りでは生きていけない」認識をもって「仲間と生きることを選択」してきた歴史がある。

このことは，いいかえれば，人は自分以外の存在を常にその視野に入れて生活する者であり，他者に対し，決して無関心でありえるものではない。人は，日常のさまざまな行動や出来事に出会うなかで，さまざまな感情表現をしている。感情の表出は，相手や出来事に応じて異なる。私たちは，あらゆる状況に応じて，自分以外の人や出来事に関わる関わらないの決定（関与の判断と決定）を下しているといえよう。

では，私たちは自分とその仲間の生活圏内に侵入してくる他者に対し，どのような眼差しを向けているのであろうか。一般に，仲間でない者に対する眼差しは，仲間に対するそれよりも厳しくなる傾向があるといわれる。

他者とは，通常，自分以外のほかの人を指す語として用いられる。自分と性別，人種，言語，文化等を異にし，自分の住む地域での滞在が短・中・長期にわたる者や単に通過する者と特定することもできる。

対人関係は，その多くが自分中心の視点で思考される。一般的にも，他者

との交流は，直接情報（相手から直接的に得る情報）や間接情報（メディアや人のうわさなど間接的に得る情報）との接触に端を発し，それらが自己の価値観とどのように抵触するかでその後の関わり方に影響をおよぼすと考えられる。

ホスピタリティは，歴史的・語法的には，他者と関わるさいに派生する人間の行為に分類され，なかでも相手の立場に立って配慮することを具体的な行為で表現する「思いやりの行為」とみなされてきた。欧米社会では，キリスト教の精神である隣人愛の理念を具現化する行為として知られる。

どのような行為にもその行為をうながす意識的・無意識的な動機があるとされるが，宗教的視点から仏教の慈悲や布施の心，民俗学調査が報告する各地の人びとの振舞いにみる行動様式，文化人類学的視点による異文化遭遇や異文化交流等を視野に入れて考察することがホスピタリティへの理解を深める手がかりとなるであろう。

ホスピタリティ産業の分野では，それは，一般に「顧客に奉仕」し，「顧客に満足」を与える，ないしは引き出す行為と認識されている。経済活動は人間の社会的活動として必要不可欠な存在だが，そこでのホスピタリティは利益に反映するだけに，当事者は折に触れその根本精神を問い続けることが必要であろう。そのために，ホスピタリティの精神を涵養し実行する生活環境や教育が無視できない。

1.2.2　ホスピタリティの語源

ホスピタリティの語源は，ラテン語のhospesである。hospesは転じてhospitālitās（hospitableness）となるが，これは賓客（ひんきゃく）への歓待（喜んで心を込めてもてなすこと）を原義（L hospito to entertain）とする。古代ローマ軍が，私人の家を宿舎として徴用（戦時中，人や物を強制的に軍のために使用）するときの宿舎割合規制を指す用語として使われた。もてなしそれ自体は，他者への善意や愛を発露とした親交関係に基づくというだけでなく，儀礼上や外交的側面からなされたり，強制や権力の行使がともなったりするものである。

hospesの類義語にhostis（異人 Foreigner, Stranger・敵 Enemy）がある。これには「余所から来た人」「自分たちと異なる人」という意味があり，そういった余所者を排他的でなくもてなすことがホスピタリティとして示唆された。洋の東西を問わず，もてなしには場の提供と飲食がつきものとされている。

　旅人，あるいは土地や家屋といった財産をもたず放浪する人びとに安全を確保し安心を与えることは，宿や飲食，娯楽の提供といった具体的行為があってこそとなる。難民や被災者へのホスピタリティは，歴史的課題として今日に継続されているものである。

　ホスピタリティとその関連語は，新約聖書に5ヵ所ある(15)。もてなしは，対象を差別することなく自分を愛するように愛することを本義とし，親切や思いやりの現われとされる。「神と隣人を愛せよ」というユダヤ・キリスト教の愛の倫理が根底にある。

　また，もてなしは一方的にしたりされたりするのでなく「不平を言わずに互いにもてなし合う」(16)とされる。このような相互交歓的態度こそが愛の実践とみなされ，尊ばれた。もてなしに派生する相互性は，本来，どちらが多くしたであるやしてやったという利己的な自己主張でも恩着せがましく行為して自己の優位性を誇示するものでもない。

第1章　ホスピタリティへの理解　17

1.2.3 自分と他者の差異に気づく

　普段あまりみかけることもなく接することもない人びとに遭遇したり日常的に経験したこともない言語文化や行動が提示されたりしたとき，私たちはどのように反応したり対応したりしているであろうか。相手や状況を瞬時にみてとるのは可能だが，その希望や要望を無条件に受け入れて接したりもてなしたりする行為は，期待されてもすぐに実現できるものではなかろう。

　人同士の出会いにおいて，人の心は他者に対して最初から開かれているとの前提には無理がある。見知らぬ人や，文化や外見が異なる人に出会ったさいの人の行動には，心身の距離を置く傾向があるといわれる。そのためそこに，身構えたり，不安を感じて拒否したりするなどの排他的行為や態度があっても不思議はない。文化摩擦は，異質な「もの・こと・ひと」との遭遇にさいして生じやすいとされる。

　ことばが理解し合えないと正しく意志の疎通がはかれないことやうまく人間関係が結べないなどは，その典型的な例である。人は，通常，慣れ親しんだ言語・形態・慣習・行為・事物・風俗以外のものに出会うと，敏感に識別する能力を自然と発揮している。それは，自文化中心的見方（ethnocentrism : エスノセントリズム）といわれる態度（自文化のものの見方や価値観に基づいて異文化を判断すること）である。

　異なる民族・風習・文化・宗教などに接したさいに，相手に抱く感情や認識は無関心以外に二通り考えられる。ひとつは興味や関心などが前向きで肯定的な意識や態度に結びつくものであり，もうひとつはそれが戸惑いや偏見，差別など否定的な意識や態度として表われるものである。相互理解を得たり深めたりするのに異文化理解の助長が欠かせないのは，もっぱら後者の態度を緩和し，排除するためといえる。

　しかしそれは，「みんななかよく」や「みんないっしょ」といった文化的同化をよしとして推進するものではなく，異文化をありのまま理解し受け入れたうえで人間理解や状況理解を深めることが肝要なのである。ものごと

は，二者択一に分類してことが足るわけではない。解釈にゆらぎの幅があると，人は判断に悩み迷う。しかし，そのことは必ずしも悪いとはいえず，逆に，それこそが自然な姿ではなかろうか。

　異文化という場合，その対象を自国（自己の存在する地域）対外国（他者が存在する地域）の図式に限ることは妥当ではあるまい。同胞同士においても生育歴や学習歴，性別や世代によって文化の違い（culture gap）を感じることは大方が経験するところのものである。

　文化の定義は多くの人によってなされている。つぎは，そのひとつである。
　　人間の相互作用によって生み出され，一つの世代から次の世代へと身につけられ伝えられていく知識，技能，態度であり，その場所や集団に固有のパターンである。[17]

　文化に接したさい，負の行為（対人関係においてマイナスの行為とされるもの）として現われるのが，差別や偏見，誤解に基づくいじめや無視，暴言，暴力など，他者に対する破壊的・否定的・排他的態度といえる。異文化に対しては，安易に同調意識や反感意識をもつことは避けるべき態度となる。

　また，地球規模の国際社会が形成されるにつれ，異文化理解や他者理解は平和で安全な人間社会の構築に欠かせないものであるとの認識が定着しつつある。しかし，その実現には程遠い現実があることが否定できない。歩み寄りの精神を涵養し，理解したことをどう表現し発展させるかといった実行や運用方法について，取り組むべき課題が多く残されている。

1.2.4　自文化と異文化理解

　文化はその異質性と共通性の両方に視点をあてて考察されるものであるが，私たちはえてして文化の違いにばかり目がいく傾向をもっているとはいえまいか。異文化理解には，冷静で客観的な視点や思索として，相手をありのままに受け止め理解しようとする歩み寄りとその精神が大切である。互いに歩み寄る意志や努力があることが，心と心の交流を生むことになるのではなかろうか。

文化の独自性や特殊性に焦点をあてる場合はイーミック（emic：固有的，独自的）なアプローチといわれ，諸文化の共通点を探るときはエティック（etic：共通，普遍）なアプローチといわれる。emic は phonemics（音韻学），etic は phonetics（音声学）のつづりの後半からとったものである。アプローチ（approach）とはラテン語の appropinquo（「…により近くなる」）の意から，空間的・時間的・距離的・心理的に対象に接近することであり，対象の核心に迫る取り組み方をいう。

　社会は人的・政治的・経済的・文化的諸要素からなり，同質性と異質性が混在している。私たちの関心や興味はその両方に向けられるものである。一般に，思想や信条に共感することで得られる人同士の結び付きや，達成目標や経済的志向を一にする結束は強固となる傾向があるといわれる。

　しかし，その結束がなにかをきっかけに，いったん，齟齬（そご）を生み反発し，反目し合う関係となって崩壊すれば，骨肉の争いや同士討ちの内乱が引き起こされる例が少なくない。また，経済的側面が強調されすぎた結果，「金の切れ目が縁の切れ目」となる人間関係を生み出すことは知られている。

　社会には相手を意味なく卑下し，自己の優位性をむやみに主張する人があとを絶たない。筆者は，ホスピタリティは他者感覚（相手の身になって考えたり感じたりする意識）を磨き自己の存在に重みを得ることの延長線上にある行為との仮説を立てて，自文化と異文化への理解および他者理解と配慮の行為の重要性に目を向けるものである。

　ホスピタリティ研究は，文化人類学が示唆するものが無視できない。文化人類学は，文化を営むものとして人間をとらえ，自文化以外の諸文化を知ることで「人間とはなにか」を追求する学問である。ホスピタリティの考察上，「人は人になぜやさしくするのか」「人は人をなぜ拒絶するのか」といった行為の研究や分析が重要なヒントとなる。

　自己を基点（自文化中心の見方）とした他者への差異感覚は，敬意や親愛，優越や卑下など複雑な心理をはらんでおり，相克し葛藤しつつ，差別し差別

される状況をしばしば生むことが否定できない。それも，人が恒常的に人と接し，人と関わる状況に身を置く者として社会に存在しているからにほかならない。人は，一生を通じて他者とどのように関わりをもつのか，あるいは他者からどのように関わりをもたれるのかという疑問は，生きるうえで無視できるものではないであろう。

1.2.5　やさしさとつつしみ

では，いったい人は，他者に対し，どこまで自己の振舞いをよき行動として表現できるのであろうか。また，それは，個々の善意の振舞いに頼るだけでよいのであろうか。「地球にやさしい」「人にやさしい」など「やさしさ」が日本でキーワードとして提示されるようになって久しいが，人はどこまで人や事物にやさしくなれるのであろうか。「やさしさ」の本質は，どのようにとらえればよいのであろうか。

感情としてのやさしさを向ける対象や，やさしさを必要とする対象はさまざまだが，例として，対人的には障害者の就学や就業支援，対地球環境保全には低公害交通車両の普及や低農薬による農業の奨励，対建築物・住環境や道路行政の観点からはバリアフリーの拡大等がある。そして，これらは制度や法律の整備によって推進できるものである。

出羽三山で厳しい修行をし，断食の末，生きたまま塚の中に入りミイラとなった即身仏は，冷害の年に特に多かったという。そのような事実に対し「庶民の苦しみを自分が代わって受けたのでしょう」との住職のことばが紹介されている（読売新聞 2000年8月19日付）。

他人の苦しみを代わって受けた人の例は有名無名に関わらず，枚挙に遑(いとま)がない。コルベ神父（1894～1941）もそのひとりである。神父は，第二次大戦中，ナチスのアウシュビッツ強制収容所でひとりの市民の身代わりとなって餓死刑を受けた。地下の餓死室に全裸の10人が放り込まれ，つぎつぎと死亡していくなか，最後まで生き残った神父は毒薬を注射され殺された。ポーランド出身のコルベ神父は，長崎で1930年から36年まで宣教活動に従事し

日本にも馴染み深い。1982（昭和57）年10月10日，ローマ法王ヨハネ・パウロ二世によりカトリック聖人に列せられている。

彼らのように，請願を立て，また，信仰や信条にしたがって誰か，あるいは社会の身代わりとなって自分の命を捧げた人びとは少数ではあるが，世界中にその存在をみることが出来る。特に宗教的環境に身を置かない人もその例にもれない。

海や川でおぼれそうになった人をみて泳げぬ自分を忘れて飛び込み，自分がそのまま帰らぬ人となった人もいる。電車や車の事故に遭いそうになった吾が子を救おうと，夢中で線路や道路に飛び出し命を落とした父母もいる。火事場の馬鹿力というが，緊急時，人は，普段では到底考えられない力を発揮したり，前後の見境なく行動したりすることが知られている。そのとき，人は自分の命を失うかも知れないということを忘れていることさえある。

愛する人といわず，見知らぬ人のために自分の命までも捧げた人の話を聞くと，到底自分には真似できないことと自然と頭が下がる。死と引き換えなどとはいえないにしても，自分のなかにささやかでも他者のために役立ちたいという気持ちを育み，引き出すにはどうすればよいのであろうか。

そのヒントとして，「やさしさ」だけでなく「つつしみ」（身を慎み謙虚なさま）をあげたい。つつしみ（敬み・慎み・謹み）のない社会は，傍若無人な態度や，些細なことから一触即発となる危険性をはらみ，他に配慮する余裕を失わせることになるとはいえまいか。日本は，20世紀後半において，特に物質的に豊かな社会を形成してきた。一方で，そのことへの驕りや油断からか，つつしみある態度を忘れたことのつけはあまりにも大きいものがある。

主義主張を異にする人，ある立場や視点からは敵とみなされる人，障害者，貧困者，子ども，女性，老人や病気を抱える人たちに対し，私たち自身，知らず識らずのうちに身につけた排除の論理のもとに振舞っている場合がないとはいえない。人はだれでも，ある面からみれば固定観念の犠牲者である。いわゆる社会的に疎外されたり，弱者と位置づけられたりする人びと

に向けられる「彼らは自分とは異なる」という判断や認識には，思わぬ落とし穴がひそんでいる。

　戦闘，あるいは，偏見のなかで生まれた虐(しいた)げられた人びとや差別された人びとは，社会に生じた歪(ゆが)みの影響を一番顕著に受けた人びとといってよいであろう。古来，彼らへの配慮としてホスピタリティは示されてきた。

　卑近な例として，高齢者への配慮をあげる。昭和48（1973）年は福祉元年と呼ばれ，国電中央線には「シルバーシート」が登場している。現在では，公共の乗り物には電車やバスなど「はじめにシルバーシートありき」という状態が定着している。初期には，そのシートを若者が占領して譲らない態度が散見されるなどとして，新聞紙上をにぎわす礼儀や親切に関するトピックスとなった。譲られても，シルバー（高齢者や年配者）ではない，と断固はねつける人もいて，譲った側との間に気まずい空気が流れることもある。今では，シルバーシートの対象は高齢者だけでなく，身体障害者，妊婦，乳幼児を連れた人，怪我人等として，その名も「優先席」（プライオリティシート）となっている。

1.2.6　ホスピタリティの理念

　ホスピタリティは，ともすれば社会から見捨てられようとする人びとに配慮する行為と考えられる。弱い者とともに生きる社会，すなわち，共生(きょうせい)社会の構築にホスピタリティは貢献している。そこには，"One for all. All for one."（「ひとりはみんなのために。みんなはひとりのために」）の理念が見出せる。

　古代イスラエルは，歪みが一番顕著である人びとへの配慮を根底においた律法社会であり，他者の問題を自分の課題として生きることが要請されていた。「自分を愛するように，あなたの隣人を愛しなさい」というイエスのことばは，人同士が互いに尊重し，助け合って生きることの大切さと，そのために人（私やあなた）はなにができるかを問うものである。

　キリスト教ではイエスは救い主である。しかし，その人生は苦難に満ちている。新約聖書に「イエスは，ヘロデ王の時代にユダヤのベツレヘムでお生

まれになった」(「マタイによる福音書」2：1)とある。当時，ローマ皇帝アウグストゥス（〔尊厳なる者の意〕B.C.27，オクタビアヌスがローマ元老院から受けた称号）の勅命による住民登録のため，人びとはそれぞれ自分の故郷に戻ることを指示され旅立った。ナザレに住んでいた貧しい大工ヨセフはダビデの家系であったため，許婚のマリアと一緒にダビデの出生地であるユダヤのベツレヘムに向かった。

　「ところが，彼らがベツレヘムにいるうちに，マリアは月が満ちて，初めての子を産み，布にくるんで飼い葉桶に寝かせた。宿屋には彼らの泊まる場所がなかったからである」(「ルカによる福音書」2-6.7)。

　新訳聖書に用いられているホスピタリティは「旅人をもてなす」意であることは先述したが，イエスの両親は宿に泊まれないまま馬小屋で出産のときを迎えた。貧しい風景ではあるが，家族に見守られたなかの出産には満ち足りた心がある。

　もてなしは，対象を差別することなく「自分を愛する」ように「対象を愛する」ことであり，それを具体的に示す態度が貴いとされる。自尊他尊の態度は，ありのままの自己や他者を受け入れる精神の涵養なくしてその形成は困難であり，自他を尊重し合う具体的な行為が実現されてこそ人間社会に光りが与えられるのではなかろうか。

　この先も期待される科学技術の発明発達であるが，それが人間社会をよりよい姿形で継続させるために必要な根本精神（愛や慈悲，義をもって他者とかかわる精神）を後退させるものであってはならない。ホスピタリティの実践は，人間理解や行動倫理の追求といった人類普遍の課題とともにある。

　ホスピタリティが古くて新しい課題として現代社会に位置づけられるとすれば，それは，ホスピタリティを実行することが人の心を豊かにし，満ち足りた存在にする可能性にみちた行為であることと無関係ではなかろう。

1.3　ホスピタリティの定義と調査結果

ホスピタリティは人同士の出会いの場で有効な行動倫理や理念をもつが，その理解は一様とはいえない。以下に諸説や調査結果を示す。

1.3.1　ホスピタリティの意味

ホスピタリティは，辞書にはつぎのようにある。

① 招待客，訪問客，見知らぬ人びとを，物惜しみしない親切な態度で迎え入れ，もてなすこと（『オックスフォード英語辞典』）。

② 客や見知らぬ人びとにたいする，心からの物惜しみしない社会的あるいは商業的歓待（『ウェブスター英語辞典』）。

③ （客や他人の，報酬を求めない）厚遇，歓待，心のこもったサービス。温かく親切にもてなす心。歓待の精神（『ランダムハウス英和大辞典』）。

④ 訪問者を丁重にもてなすこと。非定住の宗教者や異郷からやってきた特殊な職業人を神の化身のごとくみなして歓待する風習。異人歓待。外者歓待（『大辞林』）。

⑤ 親切にもてなすこと。歓待。厚遇。（新思想などに対する）受容力，理解力（『リーダーズ英和辞典』）。

オックスフォード英語辞典では，ホスピタリティの意味の前提として「『ホスピタブル』である行為や行動」との見解を提示している。ホスピタブル（hospitable）は，ラテン語のhospita（「客をもてなす」）の意から「もてなしのよい。手厚い。〔環境など〕快適な」といった意味がある。

(OEDより：1375年 Sc. Leg. Saints,Thomas 424 にホスピタリティということばが以下の意味で使われている。

 The act or practice of being hospitable, the reception and entertainment of guests, visitors, or strangers, with liberality and goodwill.

 hospitality OF. hospitalite
      L. hospitalitas
       f. hospitalis（Hospitala)

 the quality of being HOSPITABLE→ (of people or their acts) showing the wish to give attention to the needs of others, esp. by feeding them, asking them into one's home 1. the friendly reception and treatment of guests or strangers. 2. the quality or disposition of receiving and treating guests and strangers in a warm, friendly, generous way.）

　これにより，ホスピタリティの第一義的理解として，「『客や見知らぬ人』を対象に『物惜しみしない』態度や『親切』な態度で『もてなし』たり『歓待』したりする行為」が得られる。「商業的歓待」や「サービス」のことばからは，ホスピタリティに経済的活動の側面やサービスの概念とのかかわりを見出すことができる。

　しかし，それゆえにここに，「ホスピタリティ」は行為を指す語なのか精神を示す語なのかといった疑問が生じる。筆者はこれまで行為としてホスピタリティを論じてきたが，辞書には「歓待の行為」とともに「歓待の精神」がみられ，意味として厳密に限定されているとはいえない。

1.3.2　ホスピタリティの定義

　以下に，先行研究から導かれた定義を紹介する（掲載年順）。

(1) 古閑博美：異種の要素を内包している人間同士の出会いのなかで起こるふれあい行動であり，発展的人間関係を創造する行為（「秘書の行動におけるホスピタリティ・マインドの重要性」『嘉悦女子短期大学研究論集』第66号　1994年　18ページ）。

(2) 服部勝人：人類が生命の尊厳を前提とした創造的進化を遂げるための，個々の共同体もしくは国家の枠を超えた広い社会における多元的共創関係を成立させる相互容認，相互理解，相互信頼，相互扶助，相互依存，相互発展の六つの相互性の原理を基盤とした基本的社会倫理（『ホスピタリティ・マネジメント』丸善ライブラリー　1996年　69ページ）。

(3) 力石寛夫：物事を心，気持ちで受け止め，心，気持ちから行動すること（『ホスピタリティ サービスの原点』商業界　1997年　51ページ）。

(4) 小沢道紀：①客人と主人との間でのもてなし（歓待）のある良い関係。②組織によって金銭と交換で客を楽しませるための宿泊施設にある

様々な機能。③従来宿泊施設に存在した様々な機能が発達し，分割され独自発展を遂げている機能（「ホスピタリティに関する一考察」『立命館経営学』第221号　1999年　175ページ）。

(5)　日本ホスピタリティ協会：生命の尊厳と社会的公正をもって，互いに存在意義や存在価値を理解し，認め合い，信頼し，助け合う精神。このホスピタリティは，伝統や習慣などの違いを超えて，新しい共通意識として価値を創造するもの。また日常生活におけるホスピタリティの実践は，自然との共生と思いやり社会の実現への一歩と考える（1999年12月1日ホームページより）。

以上の定義からは，「倫理」「行為」「行動」「精神」「関係」「機能」といったキーワードが抽出できる。

日本では，日本ホスピタリティ協会の提唱する概念に代表されるように，精神的なものととらえられる傾向がうかがえるが，hospitalityという英語は，「厚く歓待する」という行為そのものを指している。「愛」という語が，日本においては，感情や心の問題ととらえられるが，キリスト教的愛に代表される西洋的愛が，自分を犠牲にしてまで他の人を助けようとする，見返りを期待しない行為や行動（アガペーとしての愛）を意味しているのに対比されよう。

また，「ホスピタリティ産業」についても諸説があるが[18]，筆者が代表をつとめるホスピタリティの実践研究会ではそれを「『ホスピタリティ』を経済財（商品）とする産業」[19]，あるいは，「これまでそのように認識されてこなかったものの，今後そのように考えることが消費者から要求されるであろう産業」と考えた。具体的には，宿泊業，飲食業，旅客輸送業，レジャー産業，社交クラブ，病院，学校，社会施設等である。

小沢氏は「日本と英米のホスピタリティという語の使用法には，違いが認められる」と述べ，日本語の「持て成す」をもっとも英語のhospitalityに近いことばとしてあげている。なお，「持て成す」は動詞で[20]，行為を表わすことばである。上記の定義で，ホスピタリティを精神面に比重をおいてとらえ

る傾向が見受けられる点は，日本におけるホスピタリティの捕え方の一面を示すものとはいえまいか。

「非定住の宗教者や異郷からやってきた特殊な職業人を神の化身のごとく見なして歓待する風習」(『大辞林』) からは，日本の神社仏閣などを護る傭兵たちや芸能を奉納する人びとを手厚くもてなした歴史が浮かぶ。経済的・制度的・文化的・宗教的・身体的等の事由から底辺の身の上にあるとして差別視されてきた人びとが，それゆえの艱難辛苦(かんなんしんく)の末，聖人や，福や徳をもたらす特別な人，あるいはまた成功者として迎え入れられるという物語には日本的ホスピタリティを探るヒントがかくされているといえる。「小栗判官(おぐりはんがん)」の奇譚(きたん)も対象としてあげられるひとつである。

日本的ホスピタリティについては，後章で考察する。これは，日本の風土や文化に存するホスピタリティを論じると同時に，ホスピタリティの普遍性を探る作業となるであろう。

ほかにも，ホスピタリティは「人間愛」「客人歓待」「思いやり・精神的豊かさ」[21]，「人と人が接する潤滑油・自分の家族に対すると同じような対応・ホスピタリティは技術ではない，技術を超えた何かである」[22]との説がある。

1.3.3　ホスピタリティと混同されやすい用語と関連用語

ホスピタリティは，近年，ことばや意味のうえからも社会に徐々に浸透し受け入れられつつあるといえる。だが，ホスピタリズム (hospitalism) と混同されるなど一般的認知を得て定着しているとはいえない。ホスピタリズムについては，つぎの解説を引用しておく。

> 乳児が長期にわたり施設等で育てられた場合に生ずる，発達遅滞や情緒障害などの症候群を指し，施設症とも呼ばれた。スピッツ (Spitz, R. A.) らによって初め指摘され，ボウルビィ (Bowlby, J.) により研究がすすめられた。一般に保育者との間の母性的接触 (mothering) の著しい欠如から来るものと言われ，マターナル・デプリベーション (maternal deprivation 母性剥奪) の概念が用いられることが多い。運動機能や言

葉など発達全般の遅れや対人関係の障害，神経症的習癖などの症候として表われる。最近は家庭児のなかにも同じような症候が指摘されている。保育者（母親）とのよい関係がつくられれば，その症候も改善される。[23]

ホスピタリティ関連用語には，以下のものがある（『研究社英和中辞典』）。

① ホスピスhospice：a（修道会などの経営する）旅人休息（宿泊）所《巡礼者や参拝者などのため》b《英》ホスピス（末期患者のための病院）
② ホスピタブル hospitable：[ラテン語「客をもてなす」の意から] a〈人が〉もてなしのよい。客扱いのよい。b〈応対など〉手厚い。歓待する。c〈環境など〉快適な。住みやすい。＊hospitably
③ ホスピタルhospital（ラテン語「客を世話する所」の意から）：a 病院。b（昔の）慈善施設。養育院。収容所。
④ ホスピタリティhospitality：親切にもてなすこと。歓待。厚遇。
⑤ ホスピタリゼーション hospitalization：a 入院（加療）。b 入院期間。
⑥ ホスピタライズ hospitalize：〈人を〉入院させる。

ほかに，ホテル，ホステル，ホステス，ホストなど。

1.3.4　旅とホスピタリティ

人類の歴史に旅がもたらしたことや意味は大きい。旅は，自然に分け入る行動や自己の直感に導かれて他所へ移動することである。ほかにも，旅は迫害され追われるように自分の土地から移動する行程を指し，またあるときは未知なるものへの好奇心にかられた末の旅立ちをいう。旅は自分探しの道程となり，功名心に燃えての船出を意味する。

エジプトの奴隷の民イスラエルが神の声にしたがうモーセ（Moses）に率いられて民族の大移動を決行した出エジプトの物語は，世界に存する民族が経験したなかでもっとも困難な旅のひとつにあげられる。脱出行のなかで，いかに落伍者を出さずに移動を成功させるかは，リーダーと構成員である民

の大きな課題となったものであり，挑戦すべき事柄であったに違いない。

　人が集まり集団や社会が構成されると，そこにエゴとエゴのぶつかり合いや利己的な行動が派生することは体験的にも理解できることである。人を出し抜いたり抜け駆けを企んだりするものが必ずあらわれるのも人間社会の常である。神がモーセをとおして与えたとされる律法には，社会的弱者の保護を命じる社会法があり，それは生きるうえでの指針とされた。内容は，寄留者や寡婦，孤児を排斥したり虐待したり，金銭上の授受の不正行為を見逃すなどを禁じ，障害者をいたわり彼らへの配慮を求めるものである。

　日本にも，民俗学の研究に，通りすがりの人や旅人に枝に残った庭の果物を自由にもっていかせた話が採録されている。

　人間らしい生き方を阻害したりされたりする原因に，私たちの意識の底に巣くう民族・制度・宗教・文化などを諸要因とする偏見や差別の存在がある。私たちは，それらの存在から目を背けることなく，人間存在の理想を追求し，そこに価値を見出す努力を惜しんでよいものではあるまい。戦争や病気，貧困によって生じる社会的弱者に対する社会全体のホスピタリティが問われる。それは，人類の長い歴史の過去の物語ではなく，今，生きている私たちの抱える今日的課題として取り組むことを問われているものである。

　中世の聖地巡礼の旅は厳しい自然環境をものともせず，閉鎖的で不自由な社会から信仰を御旗に出立するものであった。こういった人びとをその旅の途上に住まいする人びとが手厚くもてなすことは，宗教的見地に立った事由というだけでなく，当時は人口も少なく，他者との出会いを大切にし，苦労の多い旅人の必要にできるだけ親切にこたえ保護しようとする人道的態度の存在を示すものといえる。

　そこには健康な人だけでなく，病を得て世話を求める人もいたであろう。ホテルや病院は，そのような人びとを世話し対処する場所としてはじめは出発した。ホスピタリティ産業が取り組むもてなしの背景には，何千年にわたるこのような歴史的経緯がある。

1.3.5 文化概念としてのホスピタリティ

　諸科学が発展し，経済活動が多様化・高度化していくなかで，エーリッヒ・フロム（Fromm, E. 1900~1980）が『生きるということ』 *To Be, or to Have*（1976）のなかで警鐘を鳴らしたように，多くの社会において人間は，人間が本来探求すべき「いかに生きるか」という問題をなおざりにし，いつの間にか「何をどれだけ所有するか」ということを求めるようになってきた。

　特に戦後，経済成長だけを信奉してきた日本人にとっては，「より良く生きること」は，「より多く所有すること」に直結して考えられるようになっていったといえよう。より多くのものを所有することが人生の最大目標と考えた日本人は，その目標達成のために，できるだけ良い給料の貰える優良企業に就職することや，就職に有利だとみなされている学校に入学するために，幼いころより他人との競争に勝ち抜くことを期待されて育てられてきた。

　このような現状が社会に対してさまざまな弊害をもたらしていることは明らかである。他方，それらは自己矛盾を露呈して崩れつつあるとはいえ，そのようななか，すべての人間に，心豊かで満ち足りた自己実現を可能とする社会をつくり出す新しい理念が必要とされている。

　このような時代背景のなかで筆者が注目したのが「ホスピタリティ」という概念であり，1998年にホスピタリティの実践研究会を発足させた。日本において「ホスピタリティ」が産業界や学界等の一部の注目を集めるようになったのは，ここ10年余りのことである。しかしながら，「ホスピタリティ」という概念は，昭和38年に日本において観光基本法が制定された時すでに，制定者のなかの基本概念として存在していた，と報告されているように[24]，ホスピタリティの実践研究会では，これを，日本に存在する文化概念であるととらえている。

　本研究の目的は，この西洋から来た「ホスピタリティ」ということばと概念を軸として，日本企業のなかで実践されている「ホスピタリティ」にスポ

ットライトを当て,「西洋的ホスピタリティ」と「日本的ホスピタリティ」を比較することにより,「日本的ホスピタリティ」を明らかにしようとするものである。さらに,それを土台として,あるべき「日本的ホスピタリティ」の姿を,産業界や教育界に提言することに結び付けられることを期待している。

1.3.6 「『ホスピタリティ』に関する認識調査」の結果

(1) 実施時期と実施方法

予備調査として,「『ホスピタリティ』に関する認識調査」(後掲) を1999年1月から3月にかけて実施した[25]。この調査は,「ホスピタリティ」ということばが一般にどの程度浸透しているのか,またそれは日本においてどのような意味と解釈されているのかを探るためのものである。

三番目の質問 (Q5-2)「『ホスピタリティ』の意味を知っていましたか」に,「知らない」と答えた人にも,それ以下の質問に回答してもらえるようにするため,「知らない」と答えた人には,オックスフォード英語辞典による「ホスピタリティ」の定義と研究会の基本的考え方を提示し[26],全問に答えてもらった。

質問紙法によるこの調査は,予備的調査に過ぎないため,サンプル数が100を超えれば統計的有意となると考え,130のサンプルが集まった時点 (1999年3月) で集計を試みた。回答者の属性及び「ホスピタリティ」ということばを知っているか否かを問う質問まで (F1~F5-2) の回答の集計結果は,図表1のとおりである。

図表1のF1からF4の集計にみられるとおり,回答者の属性に偏りがあるため,一概にこの結果だけによって,「ホスピタリティ」ということばに対する一般の人びとの認識度を正確に反映しているとはいえない。しかしながら,ヒアリング調査などの結果と照らし合わせて,およその傾向は示されていると判断した。以下,分析結果を記す。

図表1 「ホスピタリティ」に関する認識調査 質問F1～F5までの集計表

(サンプル数 130)

問番号	項目		該当数	知っている人		知らない人	
				男	女	男	女
F1	性別	1. 男	39	10		29	
		2. 女	91		20		71
F2	年代	1. 10代	12	0	0	0	12
		2. 20代	54	0	7	9	38
		3. 30代	16	2	1	6	7
		4. 40代	13	1	5	1	6
		5. 50代	25	6	5	9	5
		6. 60代	7	1	2	3	1
		7. 70代	2	0	0	0	2
		8. 80代	1	0	0	1	0
F3	居住地	東京	90	7	17	18	48
		神奈川	6	1	0	2	3
		千葉	11	0	1	3	7
		埼玉	14	2	1	5	6
		茨城	2	0	0	0	2
		栃木	1	0	0	0	1
		その他	6	0	1	1	4
F4	職業	教師	19	3	8	3	5
		公務員	5	1	1	0	3
		会社員	27	4	0	19	4
		サービス業	7	2	2	1	2
		製造業	1	0	0	1	0
		学生	51	0	6	2	43
		主婦	7	0	1	0	6
		清掃業	1	0	0	0	1
		歯科助手	1	0	0	1	0
		無職	11	0	2	3	6
F5	あなたは「ホスピタリティ」という言葉を聞いたことがありますか。	ある	70	10	19	13	28
		ない	60	0	1	16	43
F5-1	「ホスピタリティ」という言葉をどこで知りましたか。	1. テレビ	25	1	9	5	10
		2. 新聞	21	4	6	5	6
		3. 雑誌	13	0	6	2	5
		4. 単行本	1	0	1	0	0
		5. 高校 専門学校	3	0	1	1	1
		6. 大学	8	1	3	1	3
		7. 友人，知人から	5	2	3	0	0
		8. 職場	3	0	3	0	0
		9. ボランティア	4	1	2	1	0
		10. 広告	2	1	1	0	0
		11. 覚えていない	13	3	3	2	5
		12. その他	2	1	0	0	1
F5-2	「ホスピタリティ」の意味を知っていましたか。	1. 知っている	30	10	20		
		2. 知らない	100			29	71

(2) 調査結果
1) 「ホスピタリティ」ということばの浸透度（F5）

「ホスピタリティ」ということばを聞いたことがある人は、半数以上の54％である。しかし、そのなかで、意味を知っている人は、43％である。全体のなかでは、「ホスピタリティ」の意味まで知っている人は、4分の1弱の23％である。知っている人の割合は、40歳代、50歳代の、いわゆる「働き盛り」といわれる年代に高い（図表2）。

男女差でみると、男性の知っている割合が26％、女性の知っている割合が22％で、このサンプルのなかでは、男性の知っている割合が女性の知っている割合よりも若干上回っている（図表3）。ヒアリング調査結果も、仕事に従事している人の方が「ホスピタリティ」の意味を知っている人の割合が、仕事に従事していない人よりも高いことがわかっている。この統計結果は、回答した男性のなかで、仕事に従事している割合が、回答した女性のなかに占める仕事に従事している割合よりも高いことをも反映していると思われる。

「ホスピタリティ」ということばを知ったきっかけは、テレビ（25％）、雑誌（21％）、新聞（13％）の三つで、約6割を占める。これには、新しいことばの普及に対するマスメディアの影響力の強さをみることができる。これ

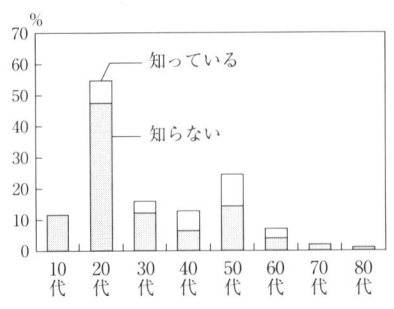

図表2 「ホスピタリティ」という語を知っている人の割合

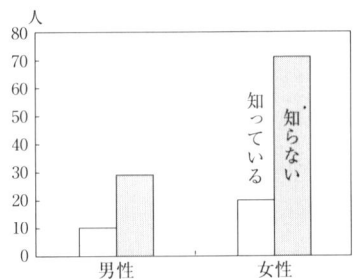

図表3 「ホスピタリティ」という語の意味を知っている人と知らない人の人数

に大学（8％）を加えて約7割（67％）となるが，最近では，大学教育に「ホスピタリティ」を取り入れようという動きも散見される。[27]

2）「ホスピタリティ」の捕らえ方（Q1）

「ホスピタリティ」をどのように捕らえられているか，ということであるが，「ホスピタリティ」ということばを知っていると答えた人の回答を分類すると，つぎのようになる。

① 実践説：「行為／行動」と認識
　　A：持て成しの行為
　　B：相手の立場に立った親切な行動
　　C：奉仕活動・慈善事業
② 精神説：「心」と認識
　　A：思いやり，愛
　　B：ボランティア精神
③ 実践・精神両方説：「行為／行動」と「精神」の両方と認識

すなわち，「ホスピタリティ」ということばに対する認識は，①「行為／行動」，②精神，③「行為／行動」と「精神」の両方，の三つに分類できる。これらの回答の割合は，ほぼ3分の1ずつである。

なお，行動と認識されている「ホスピタリティ」は，A：持て成しの行為，B：相手の立場に立った親切な行動，C：奉仕活動・慈善事業，の三つに分類される。ほとんどの回答がAかB，またはその両方であるが，Cの場合は，ボランティア活動と同意義に認識されているようである。

3）「ホスピタリティ」の精神の有無（Q2）

「自分に『ホスピタリティ』の精神があると思うか」という質問に対しては，「ホスピタリティ」の意味を知っていると答えた人の82％が「ある」と答えたのに対し，「ホスピタリティ」の意味を知らないと答えた人の67％が「ある」と答えた。全体では，72％の人が「ホスピタリティ」の精神を自分はもっていると考えている。男女比でみると，「ある」と答えた割合は，男性が46％だったのに対し，女性は80％に達している。人をもてなす精神は，男性より女性に，より強く意識されていることを表わしているといえる。

このことは，ホスピタリティを日常的視点で捕らえた場合，興味深い。

4）「ホスピタリティ」が求められている場所（Q3）

「ホスピタリティ」が求められている場所は，「医療施設」をあげた人の割合が圧倒的に高い（52％）。つぎに，家庭（38％），地域社会（30％），職場（28％），宿泊施設（23％），公共の場（22％）の順となっている。

5）「ホスピタリティ」の精神を養う有効な方法（Q4）

「ホスピタリティ」の精神を養う有効な方法としては，「家庭のしつけ」をあげた人の割合が圧倒的に高い。つぎに，自己研鑽，社会教育，ボランティア活動，義務教育の順となっている。宗教教育，高校教育，大学教育，幼稚園教育には，あまり期待していないことがわかる。

6）「ホスピタリティ」を他の人などから受けた経験（Q5）

「『ホスピタリティ』を他の人などから受けたことがあるか」という質問には，全体で42％の人が「ある」と答えている。特徴的なのは，「ホスピタリティ」の意味を「知っている」と答えた人は7割が「ある」と答えているのに対して，「知らない」と答えた人の65％は「ない」と答えている点である。これは，「概念を知っているから認識できる」という側面があるということであろう。

「ホスピタリティ」を経験した場所については，あげられた頻度順に並べると，つぎの五つに分類される。

① ホテル・旅館
② 海外
③ 病院
④ 家庭
⑤ 不特定な場所
⑥ その他，特殊な場所あるいは機会

英語では，"Hospitality Industry" というと，「宿泊もしくは食事，あるいはその両方を提供する産業」と定義し，旅行業，観光業，宿泊業，飲食業を

指している。したがって，ホスピタリティを経験した場所として，ホテル・旅館，海外をあげている人が多かったのは，ホスピタリティの本質を無意識ながらも理解している人が多いことを示していると思われる。

また，病院や家庭をあげている人が少なくなかった。さらに，不特定な場所とは，「場所のいかんに関わらず，親切にされた時」という回答であり，これも，ホスピタリティのあるべき姿を言い得ていると思われる。

なお，「場所のいかんに関わらず」と正反対の表現になるが，「その他，特殊な場所あるいは機会」とは，ボランティア活動，車が故障した時に他のドライバーに助けられたこと，企業対企業の相互援助等があげられており，さまざまな機会でホスピタリティが発揮されている実状がわかる。

7) 人が「ホスピタリティ」を実行に移すさいに必要なもの（Q 6）

人が「ホスピタリティ」を行動するさいに必要なものを問う質問に対しては，「豊かな人間性」「偏見のない広い心」「精神的ゆとり」をあげた人が圧倒的に多い。

8) 「ホスピタリティ」の精神を身につけることの意味（Q 7）

「『ホスピタリティ』の精神を身につけることは，自分にとってどのような意味があるか」という質問に対しては，「人間性を豊かにする」「偏見をなくす」「行動力を高める」「精神的ゆとりを深める」「人生観を深める」をあげた人が多かった。

9) ま と め

ホスピタリティは，欧米においては，古代ギリシャにおいてゼウスが旅人に変身して人びとの家を訪ね，そこにおけるその人びとの対応をみたという逸話や，キリスト教におけるサマリア人の逸話にその原形をみることができる。聖書において"hospitality"は，特に外国人に対する「もてなし」の意味に使われている。この精神は，国際法における捕虜の取り扱いや，戦争時における非戦闘要員に対する庇護等にも受け継がれている。病人も例外ではない。日本においては，光明皇后のらい病患者のための施設づくりなどに，

「ホスピタリティ」を見出すことができよう。

　このような「ホスピタリティ」の実践は，その人の豊かな人間性の証明であり，人間関係を構築する行為といえるのではないか。ホスピタリティは，他者に対する義理立ての行為でもみせかけの身体的動作をいうものでもない。他に対する心ある行動が，適切な表現技術をともなって具体的に実行されてこそ，真のホスピタリティとして相手に受け入れられることが可能となる。行為に付帯する根本精神と，実行時の表現の方法を追求することにより，個々人というだけでなく，社会的にも寛容的で共生的な環境を生むとの期待がある。

　ホスピタリティの精神の涵養は，家庭のしつけにゆだねるだけでは不足であろう。ホスピタリティは，信仰に基づく倫理もさることながら，感性や，何かを愛したり同情したりする十分な心の働きの涵養が重視される。そのためのあらゆる教育的機会を活用したい。

　本来，「ホスピタリティ」という概念のなかに含まれているべき「美しい心」が，とかくサービス業においてはマニュアル化され，意味のない（心のない）サービスとなっており，疑問を感じる人もいよう。英語でいう「ホスピタリティ」とは，行為・行動を示すことばであるが，サービスは心と技術からなっており，教育において両方の育成が望まれる。荘子は，技術（テクノロジー）を扱う者こそ「人生とは何か」といった哲学（マインド）が必要であるという。[28]

　今後，ホスピタリティの実践研究会は，ホスピタリティ産業におけるホスピタリティの実践状況の分析を進め，さらに教育現場にホスピタリティの精神を抽入できるように提言することを目標とするものである。本調査に，マックス・ホスピタリティ・グループ統括営業部長の岩崎修氏，日本ビジネス実務学会第18回大会時におけるワークショップ（「ホスピタリティの実践研究」）に参加の先生方にご協力頂いた。お礼申し上げたい。

質問用紙A
「ホスピタリティ」の意味を「知っている」とお答えの方にお聞きします。

Q1．「ホスピタリティ」とは，どのようなものだと思いますか。ご自由にお書きください。

［　　　　　　　　　　　　　　　　］

Q2．「ホスピタリティ」の精神は，ご自分にあると思いますか。

1．はい　　　　　2．いいえ

Q3．「ホスピタリティ」はどのような場所で求められているものと思いますか。
主なもの三つまで○をつけてください。

1．家庭　2．地域施設　3．職場
4．学校　5．医療施設
6．公共輸送車両内
7．公共施設（図書館等）　8．役所
9．公共の場（道路，公園等）
10．観光地　11．宿泊施設
12．飲食店　13．一般店舗
14．その他（　　　　　　　　）

Q4．「ホスピタリティ」の精神を養う方法として，何が有効と思いますか。
主なもの三つまで○をつけてください。

1．家庭のしつけ　2．自己研鑽
3．幼稚園教育　　4．義務教育
5．高校教育　　　6．大学教育
7．社会教育　　　8．社員教育
9．宗教教育　10．ボランティア活動
11．その他（　　　　　　　　）

Q5．「ホスピタリティ」を他の人などから受けたことがありますか。

1．ある　　　　　2．ない
　　　　　　　　　（Q6へ）

Q5-1．「ある」と答えた方のみに伺います。
それはどのようなことでしたか。
三つまでお教えください。

［　　　　　　　　　　　　　　　　］

［　　　　　　　　　　　　　　　　］

［　　　　　　　　　　　　　　　　］

第1章　ホスピタリティへの理解

Q6. 「ホスピタリティ」を行動に移すには，その人（あなた）に何が一番必要だと思いますか。
主なもの三つまで○をつけてください。

1．豊かな人間性
2．深い愛情
3．平等主義精神
4．偏見のない広い心
5．教養
6．宗教意識
7．行動力
8．対人関係処理能力
9．文化的生活
10．精神的ゆとり
11．良い経済状態
12．豊かな経験
13．確固とした人生観
14．明るい性格
15．明るい家庭
16．その他（　　　　　　　　）

Q7. 「ホスピタリティ」の精神を身につけることは，自分にとってどのような意味があると思いますか。
主なもの三つまで○をつけてください。

1．人間性を豊かにする
2．愛情を深める
3．平等主義精神を育成する
4．偏見をなくす
5．教養を高める
6．宗教意識を深める
7．行動力を高める
8．対人関係処理能力を高める
9．文化的生活を可能とさせる
10．精神的ゆとりを深める
11．経済状態を向上させる
12．経験を豊かにする
13．人生観を深める
14．性格を明るくする
15．家庭を明るくする
16．その他（　　　　　　　　）

──「ホスピタリティ」に関して，ご意見等がございましたら，お書きください。──

質問用紙B
「ホスピタリティ」という言葉を「聞いたことがない」，あるいは，「その意味を知らない」とお答えの方にお聞きします。

次の文をご参考になって設問にお答えください。

> オックスフォード英語辞典では，「ホスピタリティ」という語を，「『ホスピタブル』である行為や行動」と定義した上で，その意味を，「招待客，訪問者，見知らぬ人々を，物惜しみない親切な態度で迎え入れ，もてなすこと。」と説明しています。
> 「ホスピタリティ」とは，もてなす対象に対して，もてなす側が自分の心や持てる物を適切に用い，惜しみない身体行為を伴う「持ち出しの行為やそれに伴う一連の行動」と認識することができます。
> 経済優先の社会にあって，現在，「ホスピタリティ」は企業理念としても関心をもたれています。今日的視野で「ホスピタリティ」を身近に引き寄せ，その実践の有り様を探ることは，社会的・経済的・文化的・宗教的・人道的にも意味のあることと考えられます。

Q1．上の文をご参照になり，「ホスピタリティ」とは，結局どのようなものだと思いましたか。あなたのお考えをご自由にお書きください。

Q2．「ホスピタリティ」の精神は，ご自分にあると思いますか。　　1．はい　　2．いいえ

Q3．「ホスピタリティ」はどのような場所で求められていると思いますか。主なもの三つまで○をつけてください。
1．家庭　2．地域施設　3．職場　4．学校　5．医療施設　6．公共輸送車両内　7．公共施設（図書館等）　8．役所　9．公共の場（道路，公園等）　10．観光地　11．宿泊施設　12．飲食店　13．一般店舗　14．その他（　　　　　）

Q4．「ホスピタリティ」の精神を養う方法として，何が有効と思いますか。主なもの三つまで○をつけてください。
1．家庭のしつけ　2．自己研鑽　3．幼稚園教育　4．義務教育　5．高校教育　6．大学教育　7．社会教育　8．社員教育　9．宗教教育　10．ボランティア活動　11．その他（　　　　　）

Q5．「ホスピタリティ」を他の人などから受けたことがありますか。　　1．ある　　2．ない

Q5-1. 「ある」と答えた方のみに伺います。
それはどのようなことでしたか。三つまでお教えください。(どこで，誰から，どのようなことをされたか)

[　　　　　　　　　　　　　　]

[　　　　　　　　　　　　　　]

[　　　　　　　　　　　　　　]

Q6. 「ホスピタリティ」を行動に移すには，その人（あなた）に何が一番必要だと思いますか。主なもの三つまで○をつけてください。

1．豊かな人間性　2．深い愛情
3．平等主義精神　4．偏見のない広い心　　　　　　5．教養
6．宗教意識　　　7．行動力
8．対人関係処理能力
9．文化的生活　10．精神的ゆとり
11．良い経済状態　12．豊かな経験
13．確固とした人生観
14．明るい性格　15．明るい家庭
16．その他（　　　　　　　　　　）

Q7. 「ホスピタリティ」の精神を身につけることは，自分にとってどのような意味があると思いますか。主なもの三つまで○をつけてください。

1．人間性を豊かにする
2．愛情を深める
3．平等主義精神を育成する
4．偏見をなくす
5．教養を高める
6．宗教意識を深める
7．行動力を高める
8．対人関係処理能力を高める
9．文化的生活を可能とさせる
10．精神的ゆとりを深める
11．経済状態を向上させる
12．経験を豊かにする
13．人生観を深める
14．性格を明るくする
15．家庭を明るくする
16．その他（　　　　　　　　　　）

───「ホスピタリティ」に関して，ご意見等がございましたら，お書きください。───

注

（1） 「開催地発㊤ホスピタリティ」（読売新聞 2001 年 12 月 2 日付）
　　　記事：サッカー・ワールドカップ（W杯）の開幕まであと180日。大会の組み合わせ抽選会が終わり，日本にやって来る国も決まった。開催地では，各国からのサポーターを迎える準備がいよいよ本格化，アイディアを出し合い，良い思い出を胸に帰ってもらえるよう，温かい"もてなし"（ホスピタリティ）に知恵を絞っている。

（2） 筆者は，魅力行動学（The Study of Fulfilling and Creative Behavior）研究の一環として，「身の回り30センチメートルからはじめる魅力行動」を提唱している。魅力行動とは，「質，量，形，意味において魅力が付与された行動」。
　　　「魅力行動学」とは，「さまざまな出会いを通して魅力的な人間関係と自己形成を求める行動の学」（A study of how human actions and behavior can result in self-awareness and, through interaction with others, rewarding relātionships）。

（3） hospitālisは，ギリシア語のΦιλοξενο（フィロクセノス＝外来者への愛）の対応語。英語のhospitalityに当たる。

（4） 当時の状況は人口が少なく，「互いの姿を見ることによろこびを感じながらも，しかし，陸路海路を問わず互いに往来するための乗物は，さまざまな技術もろとも，いわばそのすべてがうしなわれて」おり，「お互いの交際は，そう簡単にできることではなかった」背景がある（プラトン／森進一他訳『法律』（上・第3巻）岩波文庫　1993年　156ページ）。

（5） 「彼らは，荒涼としたところにいたので，お互いにやさしい気持を抱き，親切を示しあっていた」（同上　第3巻　157ページ）ことがホスピタリティの精神に連なるといえる。

（6） 神の属性，また人間にたいする関わりの特徴を表わす概念。新約聖書では，神が人間に求めるにふさわしい生き方，神の裁きの基準を意味することが多い（マタイ5：20，6：33ほか）。特にパウロ書簡では「人間を救う神の働き」，その結果である「神と人間との正しい関係」を意味する。人間が義とされるとは，神の前で正しい者とされることであり，「救われる」とほとんど同義語である（ローマの信徒への手紙3：21-26「信仰による義」：新共同訳『新約聖書詩編つき』日本聖書協会　1990年　20ページ）。「義」は，儒教でも中心的徳目のひとつとして知られる。

（7） 小泉仰は、「正義」を「日常生活のなかの生存権、所有権、労働権、衣服権、住居権、人権を犯してはならないという消極的律法を主とする」、「公平」を「友人と敵とを問わずに弱者、貧しい人、病人をいたわるようにという積極的義務を表す」と示している（『倫理学』慶應通信　1989年　16ページ）。

（8）　プラトン　前掲書　第5巻　286～287ページ。

（9）「旅人をもてなすことを忘れてはいけません。そうすることで、ある人たちは、気づかずに天使たちをもてなしました。」（「ヘブライ人への手紙」13：2 共同訳聖書実行委員会『新訳聖書詩編つき』日本聖書協会　1990年　418ページ）。

　「聖なる者たちの貧しさを自分のものとして彼らを助け、旅人をもてなすよう努めなさい」（ローマの信徒への手紙：12.13）。「（前略）わがままでなく、すぐに怒らず、酒におぼれず、乱暴でなく、恥ずべき利益をむさぼらず、かえって、客を親切にもてなし、善を愛し、分別があり、正しく、清く、自分を制し、教えに適う信頼すべき言葉をしっかり守る人でなければなりません（後略）」（テトスへの手紙：1.7～9）同上書　292、396ページ。下線は筆者。

（10）　モーセ（Moses, B.C. 13世紀頃）の著作と呼ばれる五書（創世記・出エジプト記・レビ記・民数記・申命記）の一冊。

（11）　英語で"Hospitality Industry"というと、「宿泊もしくは食事、あるいはその両方を提供する産業」と定義され、旅行業、観光業、宿泊業、飲食業を指している（Powers, Thomas F., *Introduction to the Hospitality Industry*, 3ed. Wiley & Sons, Inc. 1995. 佐藤英樹／金田誠共訳『ホスピタリティってなんじゃ』弘学出版　1998年　9ページ）。

（12）　名東孝二・山田晬・横沢利昌編『ホスピタリティとフィランソロピー』税務経理協会　1994年、奥住正通『外食産業最前線　ホスピタリティ時代のビジネス』実教出版　1994年、福永昭・鈴木豊編『ホスピタリティ産業論』中央経済社　1996年、服部勝人『ホスピタリティ・マネジメント』丸善ライブラリー　1996年、力石寛夫『ホスピタリティ　サービスの原点』商業界1997年など。

（13）『新約聖書詩編つき』126～127ページ。

　「すると、ある律法の専門家が立ち上がり、イエスを試そうとして言った。『先生、何をしたら、永遠の命を受け継ぐことができるでしょうか。』

イエスが,『律法には何と書いてあるか。あなたはそれをどう読んでいるか』と言われると,彼は答えた。『［心を尽くし,精神を尽くし,力を尽くし,思いを尽くして,あなたの神である主を愛しなさい。また,隣人を自分のように愛しなさい］とあります。』イエスは言われた。『正しい答だ。それを実行しなさい。そうすれば命が得られる。』しかし,彼は自分を正当化しようとして,『では,わたしの隣人とはだれですか』と言った。イエスはお答えになった。『ある人がエルサレムからエリコへ下って行く途中,追いはぎに襲われた。追いはぎはその人の服をはぎ取り,殴りつけ,半殺しにしたまま立ち去った。ある祭司がたまたまその道を下って来たが,その人を見ると,道の向こう側を通って行った。同じように,レビ人(びと)もその場所にやって来たが,その人を見ると,道の向こう側を通って行った。ところが,旅をしていたあるサマリア人(じん)は,そばに来ると,その人を見て憐れに思い,近寄って傷に油とぶどう酒を注ぎ,包帯をして,自分のろばに乗せ,宿屋に連れて行って介抱した。そして,翌日になると,デナリオン銀貨二枚を取り出し,宿屋の主人に渡して言った。［この人を介抱してください。費用がもっとかかったら,帰りがけに払います。］さて,あなたはこの三人の中で,だれが追いはぎに襲われた人の隣人になったと思うか。』律法の専門家は言った。『その人を助けた人です。』そこで,イエスは言われた。『行って,あなたも同じようにしなさい。』」

(14)　古閑博美:「秘書の行動におけるホスピタリティとホスピタリティ・マインドの重要性」『嘉悦女子短期大学研究論集』第66号　嘉悦女子短期大学　1994年　18ページ。

(15)　hospitality:「ローマの信徒への手紙」12:13,「ヘブライ人への手紙」13:2,「ペトロの手紙1」4:9／hospitable:「テモテへの手紙1」3:2,「テトスへの手紙」1:8 "Holy Bible" The Gideons International, 1974.

(16)　「ペトロの手紙1」4.9『新訳聖書詩編つき』433ページ。

(17)　金沢吉展『異文化とつき合うための心理学』誠信書房　1992年　23ページ。

(18)　「サービス産業の中でも特にホスピタリティという補助的要素の強い産業群であり,製品の販売上において,重要な機能として直接顧客と接することを行う産業である。現実の産業を見るならば,Hospitality（飲食店業・ホテル・会議場・マリーナ等）,Attractions and entertainment（テーマパーク・観光地等）,Transportation（航空業界・電鉄・バス等）,Travel

(19) 　facilitation and information（旅行業者等）である」（小沢道紀「ホスピタリティに関する一考察」『立命館経営学』第38巻第3号　1999年）。
(19) 　発足当時のメンバーは，古閑博美（代表），金子章予，垂石幸予，田村尚知子。2000年より福田眞知子，牛島光惠が参加し現在に至る。
(20) 　小沢道紀　前掲書　175ページ，176ページ。
(21) 　名東孝二『ホスピタリティとフィランソロピー』税務経理協会　1994年　3ページ。
(22) 　福永昭・鈴木豊編　前掲書　12ページ。
(23) 　岩内亮一他編『教育学用語辞典』（第三版）学文社　1995年　236ページ。
(24) 　第5回ホスピタリティ・デー記念イベントにおける，日本ホスピタリティ協会の梶本保邦会長挨拶（1998年3月21日，東京・東條会館）。
(25) 　古閑，金子，垂石，田村による。
(26) 　質問用紙B参照。
(27) 　立教大学，西武文理大学，桜美林大学，亜細亜大学，東洋大学，嘉悦大学短期大学部等にホスピタリティ関連講座が設置されている。
(28) 　『荘子』［外篇］金谷治訳注　岩波文庫　1975年　123ページ。

第2章　ホスピタリティへの取り組み

　戦後，第三次産業の拡大と発展はめざましく，なかでもホスピタリティ産業への注目度が高まっていった。

　ホスピタリティは，それを必要とし有効とするビジネス（事業，実務）分野を拡大しようとしている。

2.1　行為としてのホスピタリティ

　ホスピタリティの「用語の定義と歴史」については，拙著で語源確定とキリスト教の原点である新約聖書からその確定作業をおこなった。

　福永弘之氏は，ホスピタリティを「厚遇と歓待」と位置づけ，「これを応用し Hospitality Culture へ発展させ，〔サービス〕に代わる概念として期待されている」と述べている。ホスピタリティ文化の育成は，理念への理解だけでなく実行の方法を学ぶ必要がある。つぎに，具体的な事例をあげてホスピタリティを検証してみたい。

2.1.1　サマリア人の行為

　「ホスピタリティとは何か」をみるうえで，新約聖書の「ルカによる福音書」が無視できない。そこに，ホスピタリティの具現者としてサマリア人をみることができる。それによると，追いはぎ（旅人や通行人を襲い金品を奪うこと。また，その者）に襲われ難儀している人に対し，立ち止まって手当をした人は祭司でもレビ人でもなく，旅の途中のサマリア人であった。彼は，襲われた人を憐れに思い，応急処置をし，宿屋に連れて行って介抱した。それだけでなく，宿屋の主人に，費用が足りなかったら帰りがけに払うと伝えている。これは，行きずりの人であっても相手が難儀しているとみれ

ば，見返りを期待することなく親切を実行する人間の姿といえる。

　イエスの律法家に対する問いは「この三人のなかで，誰が追いはぎに襲われた人の隣人になったと思うか」である。律法家が「その人を助けた人です」と答えると，イエスは「行って，あなたも同じようにしなさい」と答えている。

　イエスは律法家に対し，サマリア人のようにみずから実行するよう答えている。目の前で助けを必要としている人を無視することなく，みずから主体的に関わり配慮する行為のなかに隣人への愛をみることができよう。追いはぎに襲われ「助けを必要としているが，声を出せないまま横たわっている人」に対し，「助けを必要としている人に気づき，無視することなく近づき，手を差し延べた人」の有り様を尊いものとしている。

　難儀な状況にある人を他人事（ひとごと）として見過ごすことができないという気持ちや態度に，私たちは賛同し，敬意を表することを惜しまないであろう。しかし，同様な行動はとるであろうか。自分がもしその立場であったらという意識を働かせることが，人間関係における想像力となる。

　律法家の，イエスに対する最初の質問はつぎのものであった。

　「先生，何をしたら永遠の生命がいただけるのでしょうか」

　イエスは，逆に問い返す。

　「律法には何と書いてあるか。それをどう理解しているか」

　律法の専門家である律法家は，

　「『心を尽くし，魂を尽くし，力を尽くし，思いを尽くして，お前の神である主を愛せよ，また，隣人を自分のように愛せよ』とあります」と，答えた。律法を熟知していた律法家はよどみなく答えたであろう。

　しかし，イエスは，知識に感心し満足するのでなく，あくまで困っている人の隣人になる行為をうながしている。このことからも，ホスピタリティは対象にみずから積極的に関わる行為と理解できる。それは誰かにいわれて行動するものではなく，誰にいわれなくとも率先して行動する態度である。行

動は，心の働き（感情のゆれや気づき。行動の動機となるもの）があって動的にも静的にも発揮される。ホスピタリティは他者に関わる行為とされるが，それを受けた者だけでなく関わった人自身が満足や喜びといえるものを得るところにホスピタリティの理念がある。

2.1.2 神の化現(けげん)の行為

穢れを嫌うのは宗教的事由ばかりとは限らないが，それにまつわる人道的対処を日本の文献から紹介する（資料提供及び訳は稲山家訓氏）。

孫福氏成元(マゴフクウヂナリモト)，密々(ミツミツ)物語せしは，或人(アルヒトノイハク)云，寛文の初年の比(ショコロ)，宮川(ミヤガハ)の近辺(キンヘン)に，いやしき老婦(ラウフ)有(アリ)て，女子一人(ニヨシ)持(モチ)けるが，此(コノ)老婦(ラウフ)十二月廿九日の夜(ヨ)死(シニ)たり。女子なげきておるひけるは，隣家(リンカ)にも正月近きとて，諸事(ショジイワ)祝ふ折(ヲリ)から也，殊(コト)に死穢(シエ)は甚(ハナハダ)しく忌時節(イムジセツ)なれば，我等(ワレラ)一人(イチニン)して如何(イカガ)母の屍(カバネ)をかくすべきと啼(トビ)居けるに，烏帽子(エボシ)白張(シラハリ)きたる人來(キ)て，何事(ナニゴト)に啼(ナク)ぞと問けれども，死穢(シエ)は神事にいむ事なれば，神役人(ジンヤクニン)と見て返事(ヘンジ)もせざるに，度々(タビタビ)を問ける間，やむ事を得(エ)ずして，子細有(シサイアリ)のまゝにかたりければ，水葬(スイサウ)にせよ，それがし屍(カバネ)をかくすべしとて，女子と二人して，かの屍(カバネ)を持(モチ)て，宮川(ミヤガワ)の端(ハタ)に臨(ノゾミ)て，水に流(ナガ)しけり。親族(シンゾク)だにも忌(イ)む折(ヲリフシ)節，なさけある人(ヒト)かなと，餘(アマリ)の忝(カタジケナ)さに，其人に一禮(イチレイ)の爲(タメ)見かへりぬれば，あと形もなくなりにけり。いか様にも神(カミ)の化現(クワウ)なるべし。神明(シンメイ)は忠孝の人(ヒト)を擁護(ヨウゴ)あるなれば，内清淨(ナイシヤウジヤウ)を專(モツハラ)らにすべき事なれども，今の世のありさまは，内清淨こそ專(モツハラ)らにすべき事なれどもと口(クチ)には云(イヒ)て，心中(シンチウ)は甚不淨而己(ハナハダフジヤウノミ)なれば，斯様(ノヘ)の事を傳聞(ツタヘ)ては，扨(サテ)こそ外清淨は無用の事と云(イヒ)て，六色(ロクシキ)の禁忌(キンキ)を破(ヤブ)り行く，内外(ナイゲ)ともに不淨(フジヤウ)にて，神道(シンタウ)にそむくべき事恐(ヲソレ)ある故に，密々(ミツミツ)物語するなりとぞ申ける。大神宮にては，内(ナイ)清淨，外清淨偏廃(シヤウジヤウゲシヤウジヤウヘンパイ)すべからざる事ながら，神明忠孝(シンメイチウカウ)の人を，擁護(ヨウゴ)したまふの説も偽(イツハリ)なしと，有(アリ)かたく侍(ハンベル)ぞや。但(タダシ)外清淨ををろそかにして，神罰(シンバツ)あたりける事は，古記(コキ)にも載(ノセ)てあまたあれば，外清淨をもよくよく謹(ツツシ)むべき事なり（度会延佳「伊勢太神宮神異記 上巻」寛文6年刊『神道大

系』論説編七伊勢神道（下）所収　101〜102ページ）。

　孫福成元が内々に語ったことである。

　「ある人がいったのだが，寛文の初年の頃（西暦1161年），宮川近辺に身分の卑しい老婦がいたが，12月の29日の夜に死んでしまった。

　この老婦には女の子がひとりいたのだが，『隣近所に頼もうとしても，もう正月で死穢（しえ）は一番嫌われる時期だ。折角のお祝いができなくなるので手伝ってはもらえまい。わたしひとりでどうやって埋葬ができようか。』と嘆いていた。そこへ，烏帽子白張姿（えぼししらはり）の人が来て，『どうして泣くのだ』と聞いたのだが，この子は，その姿から神役人だと思って返事もしなかった（会話をしただけでも死穢に触れてしまうのである。正月直前に，下っ端とはいえ，大神宮の神主に触れさせては大変なのである）。それでもしつこく何度も聞くので，やむを得ず子細を話したところ，『それならば水葬にするがいい。わたしがそうしよう。』といって，二人で屍を宮川に水葬にした。

　流し終わってその子は，親戚ですら嫌がる時季にも関わらず，なんと情け深い人であろう，と思って一言お礼を申し上げようとして振り返ると，既に姿がみえなくなっていた。これはどう考えても神のお使いが姿を変えてお出ましになったものである。神々は，忠孝の人を加護なされるので内清浄（心，魂を清くすること）を第一にすべきである。しかし，今の世の中では，そう口ではいうものの，心中汚いことだけなのでこうした話を聞くと『それみたことか，外清浄（体などに外から付着した穢れ―見えても見えなくても―を取り除くこと）なんか要らないんだ。』といって，いろんな穢れをそのままに，（体の）内外ともに不浄になって神道に背く人々が増える恐れがあるので内密にするのだ。」といった。大神宮では，内清浄，外清浄のどちらにも偏ったり排斥したりしないのは当然なのだが，神々が忠孝の人を加護あらせられることは疑いがない。全く有り難く恐れ多いことである。それに，外清浄をおろそかにして神罰が当たった話は古記録にも枚挙に違いないほどあるので，外清浄もしっかりと修めるべきである。

2.1.3 老人に対するホスピタリティ

1990年，アメリカで，障害者への差別を禁じた法律が世界に先駆けて成立した。(7) ホスピタリティの理念を具現化しているといえるような，すべての人を平等に遇することを目指すものである。

キケロ(8)（B.C. 106〜B.C. 43）は，その著『老境について』で，つぎのように述べている。

> ある高齢の人がアテネで演戯の場に臨んだとき，満員のためどこにもかれにたいし自国人らは座席を与えてくれなかったのであるが，ラケダエモン人，それは国使であったがゆえに，既に所定の座席についていたところの人々のほうへ近づいていったとき，かれらは一斉にこの老人のために起ちあがって，かれが腰をおろすのを迎えたといわれている。さらにかれらにむかって会衆こぞって，くりかえし拍手をおくったとき，そのうちの一人がアテネ人にむかって，あんたがたは何々のことが正しいのであるかは御存知だが，それらのことを実行なさろうとする意志がない(9)。

ここには，老人に対するホスピタリティが「起ちあがって」，あるいは「くりかえし拍手をおくった」という行為に示されている。それは，高齢の人をあたたかく迎える態度であり，心あたたまる行為である。

当時，アテネ人は教養人として知られていたが，ここには，人間としての徳が欠如しているさまが描写されている。知識偏向に陥り，知識活用の態度のなさに，ずばり「知識はあるが，実行の意志がない」と指摘している。他者に対して同情や敬意を表わす行動は，人間の実行すべき尊い行動との認識がある。

率先して行動するもととなる実行の意志は，気高さ，誇りと関連する態度や決意の表明としてとらえることができる。そこに，礼の重要性がある。キケロは，老境は青年時代の基礎によって築き上げられるとし，にわかに貫禄がつくものではないという。若いころから敬意表現を身につけ，豊かな感情

や感性を育成することが豊かな人間性や人間関係を築くのである。それは，つぎのことばに示されている。

> ただ正道をふんで一生を送ってきた齢いたかき者が，重みという最後のみのりをとらえるのである。みたところ些細な，かつ卑近なことどもが実のところ尊敬さるべきものである。挨拶されること，先きをゆづらるること，起立をうけること，出迎えらるること，送りとどけらるることなぞであって，それらはわが国においても他国においても，それぞれ最も美風良俗にめぐまれておればおるほど，最も忠実にまもられているのである。(10)

些細で卑近なことからの実行の積み重ねが尊敬されるべきものであり，それらは，相手より先に挨拶するや相手に道をゆずるといった他者に配慮する行為としてあげられている。他者へ配慮する生き方は，人間ならではの生き方として人類普遍の理念として示されてきたものである。

また，儒教の『礼記』(11)にも，人間が人間たる所以は作法があるからという。礼をわきまえ，礼をもって行動するから人間なのだ，としている。洋の東西を問わず，古来，人間社会では，自己の身体を用いて行動的，社会的，また文化的，美的に表現することの必要性と意義を高く評価してきた。それは，単に身体表現にとどまるものではなく，行動表現が豊かでこまやかなことは，人間性の豊かさや精神性の高さと連動するとして評価されたといえる。その意味で，東洋的な心身一如の考え方は，今後，ホスピタリティの追求と理解に役立てる視点となる。

2.2 ホスピタリティと倫理

ホスピタリティの根底には，いわゆる虐げられた人びとや差別された人びとといった，歪みが一番顕著である人びとへの配慮があった。そのような人びとこそ「愛」や「もてなし」の対象であった。もてなしは，憐れみの心の表現としても実行された。対象となる彼らは争いや偏見に満ちた社会の犠牲

者でもある。つまりホスピタリティは，寡婦や孤児，財を失ったりして持たざる者，また，寄留の外国人に対する「憐れみ」を意味し，特に，寄留の外国人に対する「もてなし」の総称である。

ユダヤ・キリスト教における倫理とは「愛は忍耐強く，愛は親切です。ねたみません。愛は自慢せず，また高ぶりません。礼を失せず，自分の利益を求めず，いらだたず，恨みを抱きません。不正を喜ばないで，真実を喜びます。すべてを忍び，すべてを信じ，すべてを望み，すべてに耐えます」（「コリントの信徒への手紙Ⅰ」13：4-7）のことばで知られる。つづいて「それで，信仰，希望，愛のこの三つは，最後まで残ります。この中で最もたいせつなのは愛です」（同13：13）と，「愛」とその実践を説いている。

2.2.1 ホスピタリティと倫理

ホスピタリティを考えるうえで，礼や道徳，倫理を避けて通ることはできないといえる。

小泉は，倫理追求の次元を図のように表わしている。

ここで示されているのは，つぎの三点である。

〔1〕「天」の方向の倫理

ユダヤ・キリスト教の倫理追求の型。ヘブライズム。

〔2〕「人」の方向の倫理

人間中心主義。人間同士のヨコ次元に終始するなら，人類が自分の文化を絶対視し絶賛するあまり，滅亡に向かって突進する危険性がある。

〔3〕「地」の方向の倫理

公害，医療倫理，環境汚染など生命倫理の諸問題が派生。

20世紀後半において，倫理追求は，神と人，人と人，人と自然という三つの次元すべてを含め，人

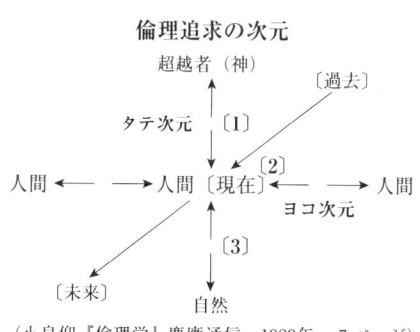

倫理追求の次元

超越者（神）
　　　↑
タテ次元　〔1〕　〔過去〕
　　　　　　↓
　　　　〔2〕
人間　←→　人間〔現在〕←→　人間
　　　　　　↑　　　　　　ヨコ次元
　　　　〔3〕
　　　　　↓
〔未来〕　自然

（小泉仰『倫理学』慶應通信　1989年　7ページ）

間がいかに行為すべきかを問題にしなければならなくなった。人びとは，誠意と熟慮をもって他者と関わることが望まれている。

人間が聖(とおと)くなるための道徳律法には，「正義」と「公平」のふたつの原理があった。それらを法律に取り入れるときには平均人を対象とする考えがあった。平均人とは，法の内容を理解しうる能力のある人民を平均的にみなしたものであり，尊重も遵守もされない法律はいくら立派であっても魂のない作文でしかあり得ない。

- 正義　日常生活のなかの生存権，所有権，労働権，衣服権，住居権，人権を犯してはならないという消極的律法を主とする
- 公平　友人と敵とを問わずに弱者，貧しい人，病人をいたわるようにという積極的義務を表わす

公平の概念には，「あなたはあなたの仲間をあなた自身のように愛すべきである」（レビ19：18）という愛の律法が密接に結びついていた。他者の問題（悩み，痛み，必要といったこと）を自分の課題として生きることが要請されていた。ちなみに，日本における公平のとらえかたを教育にみると，同年齢のものは同じ条件で同じ内容を勉強するという考え方が一般的といえる（読売新聞1997年6月1日付）。

2.2.2 人間関係の黄金律

人間関係における黄金律として「あなたたちが人にしてもらいたいと思うことを，人にもしてやりなさい」[14]や，『論語』[15]にみる「己の欲せざる所は，人に施すこと勿かれ」[16]（顔淵第12章第2章）がある。科学が発達し，技術革新の連続の現代社会は，「共生」や「思いやり」「感動」といった人間のパルス（pulse＝心音）に直接働きかける行為，すなわち言語行為とともに身体行動をともなった感性の響き合いや心の交流を求めている。

それは，種としての本能（生存と生殖）に関わるものでもある。生存は人間の尊厳とともにあるものであり，生殖は人間関係の最も緊密なことを指す。しかし，これらにともなう人間尊重のあり方に，実際にはそれらを損ねる不安要素が社会や身近な人間関係においてあまりにも散見されることに危惧を抱いているからにほかならない。

前述の「己れの欲せざる所は，人に施すこと勿かれ」は，自己の抑制と人への尊重をいうものでもあろうが，「自分がしてほしいこと」を「人にする」行為もある。いずれにしても，他者を視野に入れたうえでその要求を理解する努力が必要だ。しかし「小さな親切。大きなお世話」ということばもあるように，善意を発露とする行為であっても相手にとっては迷惑なこともある。また，勝手な思い込みの結果，一気に無関心や無理解，無節操な態度につながることもある。人間関係の構築に，相互の配慮が欠かせない所以である。

注

（1） 第三次産業（C. クラークによる産業分類）は，商業・運輸・通信・金融・公務・サービス業などをいうほか，日本の統計では電気・ガス・水道業を含める。

（2） 理念としてホスピタリティを掲げ，経済活動に反映させる産業やビジネスは，ホスピタリティ産業，あるいはホスピタリティ・ビジネスと称される。米国では，ホスピタリティ産業は主にサービス産業（観光，旅行，ホテル，レストラン，エアライン，イベント，コンベンション，リゾート開

発，クラブなどが含まれる）を指すが，広義には医療・保険・金融産業の分野を含む。今日では，公的には社会教育施設や学校，私的には家庭でも理念を理解し，その実行が望まれる。

（3） 筆者は，ビジネスを「公共性を帯びた経済活動を指し，利益計上の有無や多寡に関わらず，活動とその結果に社会的責任をともなう」と定義。

（4） 古閑博美「ホスピタリティ・ビジネスへの一考察―ホスピタリティ・ビジネスに与えるADAの影響―」（名東孝二・山田啌・横沢利昌編『ホスピタリティとフィランソロピー』税務経理協会　1994年　所収）

（5） 福永弘之「秘書をめぐる環境変化」『ビジネス実務論集』第15号　日本ビジネス実務学会　1997年

（6） 「善いサマリア人」ルカによる福音書10.25-37 新共同訳『新約聖書詩編つき』日本聖書協会　1987年

　　　イエスは，エルサレムに向かう途中サマリア人の村を通過しようとしたが，村人はイエスを歓迎しなかったという経緯がある（「サマリア人から歓迎されない」ルカによる福音書9.51-56　同上書）。

（7） 原文名（通称）は，The Americans With Disabilities Act（of 1990）。略称はADA。ただし，正式名は「障害に基づく差別の明確かつ包括的な禁止を確立するための法律」（原文名：An Act to Establish a Clear and Comprehensive Prohibition of Discrimination on the Basis of Disability「公法101-336」）。

（8） Marcus Tulius Cicero：古代ローマの政治家・哲学者。博学，多才，雄弁で名声を得，三頭政治の開始依頼共和政擁護を主張。アントニウスと対立し暗殺された。その文体はラテン語散文の模範とされる。『老境について』はB.C. 45，またはB.C. 44の執筆。

（9） キケロ／吉田正通訳『老境について』岩波書店　1994年　54ページ。

（10） 同上書　53ページ。

（11） 儒家の教典で，五教の一。礼についての解説，理論を述べたもの。

（12） 「あなた方の神，主なる私は，聖いものであるから，あなたがたも聖くなければならない」（レビ 19:12）。

　　　神に対してみずからが聖くなるためには，プロテスタントの十戒でいう　6. 生命の殺傷，7. 姦淫，8. 盗み，9. 偽証，10. 仲間の物を理不尽に求める行為の禁止と，5. 親への敬意を払うことを求めている。これらは人間の倫理として普遍的なものであるが，当時はイスラエルの選民思想にもみら

れる。
(13) 小泉仰『倫理学』慶應通信　1989年　16ページ。
(14) イエスによる山上の垂訓の中にある「何事でも人々からしてほしいと望むことは，人々にもそのとおりにせよ」（マタイ7.12／ルカ6.31）のことである。この名称は，18世紀ごろになって与えられた。キリスト教倫理の根本を表しているとみられたからである。ゴールデン・ルールから黄金律と訳された（遠藤周作編『キリスト教ハンドブック』三省堂　1993年　110ページ）。
(15) 中国，春秋時代の思想家孔子とその弟子たちの言行録。
(16) 「自分がして欲しくないと思っていることは，他人にしてはならない」の意。

第3章 キュロスのホスピタリティ

　本章で，クセノポン（Xenophōn：B.C.430頃～B.C.354頃）著『アナバシス―敵中横断6000キロ―』⁽¹⁾の巻1から，主としてキュロス（小キュロス；Cyrus the Younger B.C.424～B.C.401）の言動に着目し，ホスピタリティについて考察する。キュロスのもてなしや処遇の方法に，今日に通じるホスピタリティの普遍性を見出すのが目的である。

　私的か公的か，近しいか近しくないか，同胞か同胞でないかなどの違いはあるが，人同士の関係が生じるところには，そこにさまざまな意図や目的をもった「もてなし」が介在する。戦時下にあってもそれは変わらない。そのとき，人は互いにどのような関係認識のもとに関わり合い，その結果，ときに認め合い，ときに反目し合うといった状況を作り出しているのであろうか。

　人間関係と場の醸成にどのような意志が働き，また，いかなる方法や技術が駆使されているのかをさぐっていく。

3.1　もてなしへの視点

　もてなしとは,「他者をいかに遇し,いかに関わるべきか」といった根源的な問いをもつ行為とみなされる。古来,自他の関係を取り結ぶことや深めるといった観点から,あるいは,そのまた逆もあるが,細心の注意や関心が払われてきた課題のひとつといえる。

　他者をもてなす（遇する）行為に影響する要因として,対象理解や相互の関係認識とともに,環境条件の働きがあげられる。対象とはもてなしの意識作用が向けられる相手であり,関係とは自他の関係を指し,その関係に付随する社会的・文化的・精神的距離のありようが関係をはかる指針となる。

　環境条件として,人間社会に特有の社会的・文化的・政治的・経済的要因がある。これらは,互いに,複雑に影響し合い働きかけ合う存在といえよう。背景には,性別,風土,学習経験,階級や地位などさまざまな要因がひそみ,もてなしの具体的表現に意識的・無意識的に影響をおよぼしている。

　キュロスが生きた時代である紀元前400年頃といえば,世界史のうえからは,古代ローマでは近隣諸族との戦闘が続き,ギリシアではスパルタの勢力が台頭し,中国は戦国時代に突入している。主だった文明国は,戦乱の世をいかに戦い抜くかに個人も国も躍起となっていた。

　クセノポン（クセノフォン。アテナイ人）を知らない読者でも,彼の師がソクラテス（Sōcratēs B.C.470～B.C.399）と聞くと,少しは馴染み深く感じるであろう。

　古代ギリシアの人びとは,自由と自立を確立し自他の関係を対等に取り結ぶことを希求したが,もてなしの精神と行為の実際,それに付随する価値はどのように模索され実行されたのであろうか。

　古代ギリシアのもてなしについて,つぎのような報告がある。

> 　人々の生活はすべてポリス（都市国家）を中心に営まれ,他のポリスの人々は「他国の人」との民族観をもっていた。他国の人とは,つまり異なる信仰としきたりの下で生きる人であり,ただしその自由は尊重さ

るべきという認識である。民族的には同じギリシア人でありヘレーネスとして同胞視されていた。そこで他国（ポリスが違えば他国民）からの旅人に対しては，客人としてできるだけのもてなしをしなければならないとされており，それが正しく行なわれているか否かを確かめるために，ゼウスが旅人に姿を変えて人々を訪れると信じられていた。(2)

　もてなしの考察には，ヨーロッパ文化の源泉をなす古代ギリシア文化にみるホスピタリティとその精神が無視できない。ポリスに居住する貴族や市民の間では，個人間の贈物の交換や饗応は，礼儀として，もてなしのなかでも最も優先されるべきものであった。それは洋の東西を問わず，昔から，飲食を共にし贈物を交換し合うことは，場の結束を強め，人同士の絆を深める効果をもつと認識され実行されてきたものである。

　しかし，人同士の交誼（親しい交際）のあり方を，形式的な社交の型を優先させるものとして，物主体の物品のやり取りや提供を想像するだけでは大いに不足であろう。交誼は，好誼（心のこもった交際）や厚誼（交際の情が厚いこと），高誼（高い徳行。立派なおこない）と重なる。

　精神の高潔さや信仰とともに，心の交流をともなうもてなし，すなわちホスピタリティは，クセノポンが活写しているように，戦時下という特殊な状況にあって，キュロスやギリシア人の行動美学を支えている。

3.2 キュロスの生涯とホスピタリティ

ここでは,『アナバシス』の巻1を構成する10章の各章をホスピタリティの視点で論じる。

3.2.1 『アナバシス』(巻1「サルデイスからクナクサまで」B.C. 401. 3～9)

『アナバシス』[3]になじみのない読者のために,「アナバシス」(ギリシア語の「上り」)について解説から引用すると「題名になっているアナバシスというのは『上(のぼ)り』という意味である。低きから高きに就くということであり,山登りとか乗馬などにも用いることができる」とある。「前401年,ペルシアのキュロス王子は兄の王位を奪うべく長駆内陸(アナバシス)に進攻するが,バビロンを目前にして戦死,敵中にとり残されたギリシア人傭兵1万数千の6000キロに及ぶ脱出行が始まる。従軍した著者クセノポンの見事な采配により,雪深いアルメニア山中の難行軍など幾多の苦難を乗り越え,ギリシア兵は故国をめざす……」(表紙)とあるように,『アナバシス』はクセノポンによる従軍日記かつ戦場記録である。

内容は,巻1から巻7までで構成されている。全編を通じて,非常事態におかれた人間(個人および集団)の心理や行動への著者の冷静な筆致が冴えている。当然のことながら本編は悠長な行程を示すものではない。小キュロスが兄アルタクセルクセス二世(Artaxerxes II:在位B.C. 404～B.C. 359)の王位を奪うべく,小アジアの沿海地方からバビロンを目指し,長駆して内陸に進攻する経緯を記録した人間ドラマあふれる貴重な軍記物である。

また引用すると,

> キュロス軍は半年をかけて,漸(ようや)くバビロンを指呼の間に望む地点まで達したが,クナクサの会戦で気負いすぎたキュロスが乱戦の中で討たれ,雄図は挫折する。その後は,敵中に孤立したギリシア軍1万数千が,黒海を目指して北進する脱出行となるが,これはもはやアナバシスではなくカタバシス(下り)である(表紙)。

23歳で戦場に散ったキュロスの登場はわずかであるが,若き王キュロスの

行動を中心に，クセノポンの描写する世界からホスピタリティにこだわってみたい。

3.2.2　キュロスの臥薪嘗胆（巻1第1章）

ペルシア王ダレイオス（在位B.C.423～B.C.404）とその妻パリュサティスとの間に生まれたアルタクセルクセスは，父の死後，王位を継いだ。弟のキュロスは，兄に謀反の志があるとして，信頼していた仲間であるティッサペルネスに讒訴(ざんそ)され，危うく処刑されそうになる。

しかしキュロスは，母の嘆願もあって特赦がおり，統治領にもどることができた。危うく難を逃れたキュロスだが，面目を失って帰任したことになる。それ以降，自己の生き残りをかけた作戦を練り，実行していくのであった。

では，キュロスがとった方法とは，

> 王の許から自分を訪ねて来る者は誰彼の区別なく，王よりも自分に心を寄せるように仕向けては帰すことにしていた。また，彼の統治下の異民族についても，有事の際には屈強の戦力となるよう，また自分に好意を抱くようにと心を配っていた（11ページ）。

とあるように，自分の魅力やその他もてる力を，人を選ばず，すなわち相手が誰であろうと，十分に浸透させる努力を最大限に払うことであった。振舞いに戦略的意図を込め，なおかつそれを相手に察知されないよう自然体（作意がないさま）で表現した。

キュロスとまみえた者は，みなよい気分で彼のもとを辞したとされる。キュロスに会ったときは敵であったものが，辞すときには心情的にも立場的にも味方になっていたとすれば，彼は大変な対人魅力（「人を引きつける魅力」の心理学における呼称）の持ち主といえる。対人魅力の心理と行動に長(た)けた姿は，しかしまた，彼が「身を捨ててこそ浮かぶ瀬もあり」(4)の実行者であることを示すものであろう。

打倒兄王の大望を抱いていることを相手に微塵も懸念させず，自分と接す

る人びとをことごとく引きつけ，自分に対するよい感情を呼び起こすにはどれほどの深謀遠慮があったであろうか。キュロスは，異民族の傭兵たちに対しても十分なもてなしをおこなっている。いわゆる，自分のファンの獲得に熱心に努めたといえる。

　キュロスのもてなしの目的は自分の味方を増やすことであり，その意図に沿って実行されている。戦国時代のもてなしは，自分の味方や兵をいかに増やすかをねらいとしているといってよいであろう。その戦略に則って，懐柔策や強硬策が練られることとなる。誰彼の区別なくとはいえ，目的を達成するための有効戦力を増すという命題を前にして，兵獲得に向けて効率への配慮がなされていたことはいうまでもない。

　戦国時代の武将が自己の野望を遂げるためには，有能で腹の据わったブレーン（brains：〔組織の〕知的指導者，〔計画の〕最高立案者）および勇敢な兵士が必要である。有能なブレーンとしての将を引きつける大将の秘訣は，彼らの自尊心に敬意を払うことであり，いかに彼らおよび彼らの部下の懐と胃袋を満たすかということが重要課題となる。金品や物資の補給に露ほどの疑いをもたらしてはならないのだ。

　キュロスは敵の敵を自分の味方にすることからも兵力を増強していった。豊富な軍資金と食料をもつものは大抵の不満を抑えることができるというが，彼はそれらを調達し，与えることを惜しむものではなかった。キュロスと互いに客分の関係にあったテッサリア（ギリシア北部地方）人アリスティッポス（B.C.435～B.C.350頃）が，反対派を制するために2000人の傭兵を3ヵ月間維持するだけの費用を支出してほしいと申し出ると，キュロスはその倍の4000人分，6ヵ月間の給料を与えている。

　それは，アリスティッポスの旗下にある一個部隊が，キュロスに忠誠を誓ったことは容易に想像できる振舞いである。

3.2.3　キュロスの会見（巻1第2章）

　キュロスとその部隊がカユストロス原（町の名）に至ったとき，兵士への

給料は3ヵ月分以上未払いになっていた。兵士たちは，しばしば給料の支払いを彼の陣屋に請求にきた。

キュロスは多くの傭兵を従えていたが，彼の最も大きな資質は，人から「信」を勝ち得るところにあった。多くの亡命者たちがキュロスの遠征に参加したのは，自分たちを故国に復帰させるという彼のことばを信じたからであった。

　　　　金があるのに払わぬというようなことは，およそ彼の性分には合わぬ
　　　　ことだったのである（17ページ）。

とあるように，キュロスはけちな男ではない。しかも，ない袖は振れぬというが，それに苦悩する人間味を兼ね備えていた。敵地では，傭兵であるギリシア人部隊に掠奪も許可している。戦場での人心を掌握することに長けていたというほかはない。

給料未払いという問題を抱えつつキュロスがカユストロス原に逗留していると，キリキア王シュエンネシスの妻エピュアクサが訪れ多額の金子を提供した。スポンサーの出現である。キュロスは，すぐに兵士たちに4ヵ月分の給料を支払った。ここにも，部下に対する惜しげもない態度がある。人心掌握の具体的な術を心得ていたというべきであろう。

その後，移動したテュリアエイオンの町で，キュロスは資金提供者であるキリキアの女エピュアクサの要求に応えて，ギリシア人部隊およびそれ以外の土着民（バルバロイ）部隊の閲兵をおこなった。(5)軍勢の威容と規律のありさまを目の当たりにした彼女の驚きと興奮，部隊を掌握する長としてのキュロスの誇らしさが目に浮かぶ。軍隊の閲兵は，提供するものとそれを受けるもの双方の自尊心を満足させる最も豪勢なもてなしといえる。

キュロスはイコニオンの町に到着すると，エピュアクサを「最短距離の道を選んでキリキアに送り返し」（19ページ）たが，そのさい，部隊に彼女を護衛させている。王妃に対するもてなしとして，まことに行き届いて抜かりがない。その後，キリキアの町に軍隊とともに入ったキュロスは，つぎのよ

うに王シュエンネシスと会見している。

　はじめ，王は，自己の身の安全が保障されるまでキュロスに会おうとはしなかった。会見が設定されると，王は多額の軍資金を贈った。それに対し，キュロスはお返しの尊貴な品々を贈っている。貢物というが，古来，貢物を受けた側は，大国意識のもと，それ以上の贈り物を返す慣わしがある。貢物を捧げた側は，その数倍もの土産物を持ち帰っている。

　土産は，もてなしの真意を見定め，契約をはかるうえでの貴重なバロメータとなるものであった。立派な品々とともに約束となる言質が与えられると，そのもてなしは条約の締結と結びつく政治的効果に貢献したことになる。

3.2.4　キュロスに対する傭兵たちの疑問（巻1第3章）

　一方，ここに至って，キュロスに従ってきた兵士たちが自分たちの進軍先に疑問をもち，進軍を拒む事態が生じる。キュロスの挙兵の真の目的は王である兄に対する謀反であったが，傭兵たちにはそうとは知らせず，自分を讒訴したティッサペルネスを討つためとしていた。

　キュロスの友であるクレアルコスは，挙兵したキュロスのもとに部下を連れて馳せ参じていた。約束が違うと迫る部下たちに，クレアルコスは自分も心を痛めているとして，だが，

　　　キュロス殿は私と親しい友人関係を結んでくれ，祖国を逃れた私をなにかと大切に扱って下さったばかりか，1万ダレイコスの金子まで賜った（22ページ）。

と感謝を忘れない。部下の突き上げに対し，キュロスに恩義ある返答をしている。

　キュロスは，亡命中のラケダイモン人であるクレアルコス(6)に惚れ込み，金銭面での援助をしている。クレアルコスが自分の部下を率いてキュロスのもとに参じたのは，

　　　それはもしその必要がある場合には，私がキュロス殿から受けた恩義

に報いるためにも，あの方の力になりたいと思ったからである（22ページ）。

との理由による。

このような「恩義」に対する理解は，民族を超えて得られるものであろう。日本には「一宿一飯の恩義」ということばがある。だが，恩義は美しいとばかりはいえない側面をもつといえる。義理ある恩として理だけでなく，利の要素がからむ場合が少なくない。恩義は信義に基づくというだけでなく，計算や駆け引きが交錯し，利害や立場上の縛りが派生することも否定できない。

ナポレオン（1769～1821）は「人はその制服のとおりの人間になる」とのことばを残しているが，スパルタの指揮官であったクレアルコスは，指揮官の制服をまとった心を根底に，キュロスの恩義に報いようとしている。

軍の組織では指揮官の命令は絶対であり，規律が何よりも優先するとされる。それゆえに，指揮官や上官は，自分の指示や命令で大勢の部下や兵士が生死の岐路に立つことを十分にわきまえる必要がある。規律の文言は無味乾燥と切って捨てることはできず，人情を削りとった末に生まれたものでもないであろう。そして，それは，恩愛もなく非情さのなれの果ての結果，履行されるものでもないであろう。

それは，指揮官には人の上に立つ者として，資質や職責が兵卒に比して格段に深く問われるのは当然のことである。指揮官とは，目的に合致した方向を見定め決断し，部下に指示する力強いリーダーシップを発揮する立場にある。無謀であるや短慮かつ浅慮であることは許されない。

ナポレオンはこうもいっている。「世界を引っぱっていく秘訣はただひとつしかない。それは強くあるということである。なぜなら力には誤信もなく，錯覚もないからである。力は裸にされた真実である。」

だが，たとえ力が真実だとしても，その「強い力」をどのように用いるかが問題である。軍規には，情や恩愛のかけらもないのであろうか。クレアル

コスは，旗下に集まった部下の意志を尊重することを選択した。

　彼とその部下はペルシア大王に向かって進撃することを拒否する態度を鮮明にし，キュロスにその意志を表明したのだった。クレアルコスは，キュロスの恩義に応えるべく一個師団を率いて馳せ参じたわけだが，また一方，自分の部下に対しても責任ある将としての立場を忘れてはいない。

　ギリシア兵たちは，戦地においてもポリスの市民としての立場を堅持している。将のみならずそれぞれが自分の意見を述べる機会を与えられ，その総意を現状への対策と処遇への意見としてキュロスに伝えている。彼の傭兵へのもてなしは，処遇という側面から強化する事態に立ち至った。

　キュロスは，クレアルコスとその部下の追及に，敵が大王ではなくアブロコマス（フェニキアの総督）であると返答し，給料の増額要求にも支払いを約束した。その結果，彼らは，キュロスが大王に向かって進撃するのではないかという懸念を抱きつつ，キュロスに従うことを決定したのだった。

3.2.5　武人としてのキュロス（巻1第4章）

　キュロスがシリアを通過し，フェニキア人の住む海辺の町ミュリアンドスに逗留したさい，商船に乗り込み，海路，逃亡した者がでた。彼は目の前から去っていった者に対し，こういっている。

> しかし私は誓って言うが，二人を追うつもりはない。私が，誰であれ自分の許にいる間は用いるが，一旦身をひこうとすると，捕らえて虐待し財産も奪ってしまう，などと誰にも言わせたくないのだ。彼らのわれわれに対する仕打ちが，われわれの彼らに対する仕打ちに劣ることを身に沁みて感じつつ，去るがよいのだ。もっとも私は彼らの妻子をトラレイスにおいて保護しているが，二人から妻子を奪うつもりもない，以前私に対して尽くしてくれた功に免じて帰してやるつもりでいる（30ページ）。

　ギリシア兵の多くがこのことばによって彼の寛大さを知り，これまで以上にキュロスに従う意志を固めた。

私たちは，世界最古の法典といわれるハムラビ法典にみる「目には目を。歯には歯を」のことばから，彼の地での裏切り者に対する容赦のない報復を思い描きがちだが，キュロスのことばに王の一族として，また武将として，徳をもって行動する姿をみることになる。

　人質ともいえる妻子に対し，「保護する」とのことばが用いられているが，そこに「もてなし」の意味するところの幅広さへの示唆がある。キュロスのことばに弱き者への配慮を見出すのは困難なことではなかろう。これは，中世ヨーロッパ社会における騎士道精神や日本の武士道精神などを彷彿とさせることばであり，騎士や武士の情や崇高性の表われとして理解できよう。

　キュロスの，脱走者や敵地（または，それに類するところ）に残された者に対する姿勢や心情は，戦争やテロに対する今日的ホスピタリティのあり方を考察するうえで手がかりとなるものである。

　ホスピタリティは，ギリシア語の「フィロクセノス＝外来者への愛」の対応語で，新約聖書に5ヵ所使用されている。外来者とは，特に，寄留の外国人を指し，愛とは彼らに対する良心的配慮をいう。出エジプト記にみられる(7)ように，歴史的に，亡命者や寄留の外国人に対し，差別しないという隣人愛の理念をもつ概念である。ポリスの人びとが，互いに他国の人びとをもてなしあったことに，信仰が介在しないと誰がいえるであろう。

　一般的に「ホスピタリティ」は，日本語では「もてなし」と訳されることやそのように理解されていることが多い。より具体的にみてみると，客人には「歓待」，病人には「看護」，子どもや老人には「愛護」や「庇護」が該当する。さらには，兵士に対する「処遇」，人質への「保護」があり，それぞれに応じたもてなしの方法が求められる。

　さて，ここにきてようやくキュロスは，自分の目的が人王への進撃であることを明らかにする。では，それを聞いた兵士たちはどうしたのか。メノン（テッサリアの指揮官）が率いる部隊の兵士たちは，彼のことばを聞き，つぎの行動をとった。メノンのことばとは，

（他に先駆けてエウプラテス河を渡れば）キュロス殿は，諸君を最も積極的な協力者とみなして感謝され，それに報いて下さるであろう。そういう点では人並すぐれて物分かりのよい方なのだ。もしまた，他の連中が従軍に反対する決定を下した場合には，われわれも全員引き上げることになろうが，それでもキュロス殿は，諸君が彼の意に随った唯一の部隊なのであるから最も信頼すべきものとして，都市の守備であれ戦闘部隊の指揮であれ，諸君を用いて下さろうし，また諸君になにか頼みごととでもあった場合には，キュロス殿が味方となって力を貸して下さることは間違いない（33ページ）。

というものである。

　そして，兵士たちはエウプラテス河を渡った。キュロスはそれを知って，
　　　諸君，私としては，今はただ諸君の行動を嬉しく思うばかりである。しかし今後私も諸君に喜んでもらえるよう心掛けよう。さもなくば，もはや私をキュロスと考えずともよい（33ページ）。

とのことばを使者に託した。

　キュロスは，兵士にこのような行動を呼び起こしたメノンに感謝し，豪華な贈物をした。

　エウプラテス河は，通常，船で渡る。徒歩で渡れたのはこのときだけだったという。住民たちが，これこそ神意に基づく奇跡であり，やがて王位に就くべきキュロスに河が道を譲ったものと考えたのも無理はない。

　キュロスに追い風が吹いた。カリスマとはこのことであろう。彼のこれまでの十分なもてなし＝処遇に十分な心意気と行動で応えた兵士たちの姿が浮かび上がる。そこに，メノンの演説の力を無視することはできない。

　古代ギリシアでは弁舌の能力は美徳であり，リーダーの資質として不可欠といえるものであった。才能あるものは，機会あるごとに弁舌をふるい自分を売り込んだ。古代中国でも，戦国時代，論争に挑む「稷下の学士」がもてはやされた。主君を求めて自分を果敢に問うものたちを説客と呼び，なかで

も才能あるものは,食客(しょっかく)や賓客(ひんかく)として召し抱えられた。
　キュロスは,ことばの威力を知るものであり,それゆえ,その遣い手であるメノンを厚遇することに躊躇しはしなかった。

3.2.6　キュロスの弁舌（巻1第5章）

　長い行軍の間には,些細なことと見過ごせない事柄や放っておいてもよい事柄を見定める力量が問われる場面が必ず起こるものである。誤解から大きな疑念を生んだり,内部に亀裂が生じることは食い止めねばならない。

　なにかのことからメノン隊とクレアルコス隊の一兵士が口論をはじめ,クレアルコスがメノン隊の兵士を殴った。憤慨したメノン隊はクレアルコスに斧や石を投げつけ,味方同士の争いへと発展していった。

　キュロスはその場に着いて事の次第を聞くと,

> もし諸君が同士討ちを始めるようなことがあれば,明日といわず今日この日にも私は殺される。そして諸君もいくばくもなく私の後を追うことになると心得るがよい。もしわれわれの間に揉めごとが起こるようなことになれば,諸君の目の前のこれら土着民部隊は,われわれにとって大王の軍勢よりも恐ろしい敵となるであろうからだ（39ページ）。

と冷静に説いた。指揮官として,内部分裂が内部崩壊を生むことを阻止する決意で訴えている。自滅は,指揮官がなにより恐れることである。

　いうまでもなく,全軍の頭領であり首長はキュロスである。文明が発達し文化が栄えたギリシアの国の市民と違い,それ以外の人びとを蛮族とみなした当時の考え方からすると,理や義,信といった人間行動の哲学をもっていた人びとへの論法はあいまいであってはならず,キュロスは自身に備わった弁舌能力を生かして隊の兵士たちを説得している。傭兵たちに対し,隙のないリーダーシップを見せつける場と心得て登壇したというよりほかはない。

　軍は,兵士に衣食住を提供し,給料を支払い,医療の体制まで整っている。しかしそれをもってしても,軍が兵士をもてなすとはいわないであろう。そこでは,将が有事に備えて兵を訓練し掌握し,行動は秩序と統制のな

かで規律に従って遂行される。また，なにごとも臨機応変に状況判断する俊敏な選択能力，判断力，決断力や実行力が求められている。

将たるものが将として振る舞い，兵たるものが兵として振る舞うことを知っている部隊は最強といえよう。そのときおのずと，軍の長たる者は最高の処遇をもって兵士をもてなす方法を実行していることになるのではあるまいか。

3.2.7　寛容なキュロス（巻1第6章）

人が社会的集団を形成するなかで，妬み嫉みや裏切りが生ずることを誰も阻止することはできないであろう。信望の厚いキュロスとて例外ではなかった。ペルシア人で軍略家のオロンタスが大王に寝返ろうとしたことが発覚し，キュロスによって捕らえられた。その処置に関する彼の拠り所は，こうだ。

> 友人諸君，諸君に集まってもらったのは他でもない。神々が御覧になっても，また人間の目からみてもどう処置するのが正しいか，諸君の智慧をかりて熟考した上で，このオロンタスについてそのような処置をとりたいと思うのだ（41ページ）。

私たちは，何かを決めるときにどのような価値観や判断基準に基づき裁定を下しているのであろうか。「三人寄れば文殊の知恵」ということわざもある。孔子（中国，春秋時代の学者・思想家。B.C.551?～B.C.479）は「下問を恥じず」といっている。「人は一代，名は末代」といって，自己の名（名誉）を惜しむ（守る）ことを教えることばもある。

キュロスのことばから，私たちは，彼が決して独善的・独断的人物ではないと知るものである。このことばに，人間の目以外に神の目を恐れる心をみることができる。裏切り者に対し，どのような処置（もてなし）がふさわしいかを考えるとき，客観性を保つ努力は，凡人にはなかなかなしがたいものである。ましてや，そこに正義の心を貫くとなると……。

キュロスは，三度，オロンタスに弁明の機会を与えている。しかし，オロ

ンタスは自分の罪を認めるばかりであった。最後は，クレアルコスの意見を求めた。クレアルコスは，「一刻も早く排除」することを提案している。なぜならば，

> そうすれば今後この男を警戒する必要もなくなり，彼に関する限りわれわれに余裕が生れ，むしろここに残る協力的な人々を厚遇することができるわけですから（42ページ）。

と考えたからだ。

「協力者たちを厚遇することができる」ということは，もてなしが平等性に貫かれるものではないことを示している。もてなしは，TPO（Time, Place, Occasion：時・所・状況）によって異なると知るべきであろう。ここでも，誰に対しても平等に手厚く接するわけではなく，協力者には厚く，非協力者にはそれなりの処遇が待っている。

戦時下では，特にそうすることが，協力者たちを引き付け引き止めておくことのできる有効な手段となる。綱紀を乱し，人心に不穏な空気を撒き散らす者は軍の規律や結束を乱す。クレアルコスは，そのような者に対し「排除すべき」との断固たる意志を表明している。温情あるもてなしを期待するなら，裏切りをもって応えてはならないのだ。

3.2.8 プレゼンテーションするキュロス（巻1第7章）

やがて，大王はキュロスの謀反を知るところとなる。いよいよ戦闘態勢に入るにあたって，彼は傭兵であるギリシア軍につぎのような檄を飛ばしている。

> ギリシア人諸君，このたび私が諸君を友軍として戦いに臨むのは，土着民の部隊に事欠くためではない，諸君が土着民の大部隊よりも有能であり，強力であると信ずればこそ諸君をわが軍に加えたのだ。諸君の財産ともいうべき自由—諸君がそれを保持する幸せを私は福したい—その自由に恥じぬ男子としての働きを示すよう心掛けてもらいたい。自由こそは，私が自分の全財産，いやその幾倍のものを払っても得たいと思っているものであることを十分承知していて欲しい。（略）敵は大軍であり，大喚声を挙げて攻め寄せてくる。しかし諸君がそれに耐えれば，あとは諸君がこの国の人間の実力を知って，私が赤面せねばならぬであろう。諸君が見事に男子の本分をつくし，私の大業が成功した暁には，諸君の中で帰国を望む者は，帰国の暁には国許の者たちに羨まれるような身分にして帰そう，しかし，多くの諸君は国許よりもむしろ私の許に留まって働く方を選ぶようにして見せるつもりだ（44ページ）。

キュロスはギリシア軍の兵士たちの優越感をくすぐり，自己の指針を明確にしたうえで戦意を鼓舞し，勝ち戦であることを前提とした報奨の話で締めくくっている。この演説に，彼の信任の厚いサモス（小アジア西海岸に近い大島）からの亡命者であるガウリテスなるものがこう質問した。質（ただ）したといったほうが正解であろうか。

> ところが，キュロス殿，こういうことを申す者がおります。キュロス殿は，現在このように危機が迫って容易ならぬ情況である故に，いろいろと約束して下さるが，首尾よく事が運んだ場合には，もうそのようなことは覚えておられまい，とか，たとえ覚えておられ，そうしたいと思われても，約束を果たすだけの力がないのではないか，と申す者すらお

ります（45ページ）。

ここには，雇用上の上下関係にがんじがらめの人間関係は見受けられない。給料をもらう身であるギリシアの傭兵たちは，正々堂々と雇い主たる大将のキュロスに疑問をぶつけている。自分より上位の者に率直に物言う態度に対し，彼は率直に答えている。契約に基づいた遂行義務と権利受益意識は，自己主張を躊躇しない態度を生んでいる。

ひるがえって日本では，身分制度が社会のすみずみに定着していた時代，自分より上位の者を諫めたり直言したりする場合，死をも覚悟してのことであることはよく知られている。そして，どのような民族であれ，過去，死を賭して物言った経験を探すことは困難ではない。

『アナバシス』の舞台となった時代は，日本では縄文時代である。「財産ともいうべき自由」「全財産を払っても得たいもの……それが自由」という考えの存在やいかに。

兵士をもてなすことは，働きに応じて正しく処遇することである。処遇を判断する側は，正しく処遇されるための下からの主張や要望を抑えてよいものであろうか。将たるものはすべての意見や提言に耳を傾けるだけでなく，それらに正しい判断や方向を示すことが求められている。それが将たる所以であり，判断力が鈍ったと爪の先ほどでも感じた場合は即座に身を処すべきである。しかし，その判断自体が鈍っているとしたら……。災難は，いつの時代も一兵卒や庶民や平民がこうむることになる。

キュロスは，どのような事態に遭遇しても，堂々たる大将の構えを崩すことがない。クセノポンの記すキュロスは太っ腹だ。先のガウリテスの問いかけに，

　　（略）されば私としては，人願成就の暁には，味方の一人一人に与えるものに事欠くことよりも，与えるべき人間が足らぬことを恐れているのだ。さらには諸君の全員に黄金の冠を与えるつもりである（45ページ）。

と答えている。

実際，キュロスはこれまでもそうしてきたのだから，このことに疑いをはさむ者はいなかったであろう。戦況を占い，八卦が当たった占い師に約束した以上の存分の金子を与えている。

3.2.9　キュロス死す（巻1第8章）

大王は大軍を率い，戦闘態勢を整えて進軍してきた。キュロスは当時の他のペルシア人同様，兜(かぶと)はかぶらず，それ以外は完全武装して戦いに備えた。ペルシア人は，戦場では兜をかぶらず危険に身をさらした。その結果，キュロスは眼の下の辺りを撃たれ命を落とした。

彼に従っていた忠実な部下たちは，倒れた彼の体を抱くように，また，覆いかぶさるようにして共に死んでいった。彼らは，これまでキュロスが彼らに対して示した愛顧や厚遇に，おのれの命を惜しまないという行動で報いたのだった。

3.2.10　キュロスの帝王学（巻1第9章）

クセノポンの記録からは，キュロスが豪気な気性の持ち主であることが疑いもなく知れる。事実，クセノポンは「彼が往昔のキュロス（大キュロス）以後のペルシア人の中では最も王者の風格を具え，統治者たるに相応しい人物であったことは，キュロスと親交のあったと目される人々の一様に認めるところである」(54ページ)と記述している。

王の子は子どものときから，宮廷内で人びとがどのように処遇され，もてなされるかを目の当たりにして育つ。幼少時から，人（人民）を支配することと人（王）の支配に服することの両方を学ぶ立場にある。帝王学は政治や統治，経済というだけでなく，人間関係にもおよぶ。宮廷内の教育の場において，キュロスはつぎのような子どもでもあった。

> 同年輩の子どもの間では最も謙虚であり，年長の者の言葉には，自分より身分の低い者たち以上に従順であることが知られており，さらに無類の馬好きで，馬を扱う技術も抜群であることが衆目を集めた。彼がまた，弓術や投槍の技術などの武技においても，その学習や鍛錬に最も熱

心であったことは，衆評の一致するところであった（55ページ）。

「実るほど頭を垂れる稲穂かな」といった後天的なものではない，まさに，王の子として先天的に備わった魅力が描写されている。彼の周囲は誰もが眩しく感じるオーラに満ち溢れていたであろう。古今，年長者への礼は最も尊い行為であるとされている。キュロスは，子どものころから謙虚であり聡明で勇気あふれる王者の風格が備わっていたというから，年長者から愛され，もちろん年下の者からも慕われたのも当然といえよう。

16, 7歳の狩猟に出られる年頃になると，キュロスの冒険好きはますます昂じ，野獣を追って危険な目にも遭っている。あるとき，熊と格闘し，結局は仕留めたが，危険な状態であった。一番に救援に駆けつけた男に人も羨む恩賞を与えたというから，彼の豪気なところは年期が入っている。

彼は若くして，人に対する振舞い方を身につけている。それは，よき資質もそれを生かす意志がなければ，可能性を生かすことなく宝の持ち腐れとなる。生まれながらにキュロスに備わっていたのは王家に連なる者としての地位だが，もてる力が財力であれ，人品の魅力であれ，彼は惜しげもなく人びとに振舞っている。キュロスは，自己に備わる美徳を生かす哲学の持ち主であり，行動する人として成長した。

父王から総督や軍勢の総司令官に任命されて，彼が第一に身をもって示そうとしたのは，

　　自分が条約や協定を結ぶ時，あるいは約束事をする際に，決して二枚舌を使わぬのが最も肝要，と考えているということであった（55ページ）。

であり，倫理観とともに並々ならぬ徳性が感じ取れる。筆者も母から「正直が最善の策」と言い聞かされて育ったが，成長するに従って，このとおり実行しようとすると，頭をひねることや落とし穴に突き落とされたような気分にさせられることが少なからずあった。ポリシー（信条）をもって行動しようとしても，世の中はそう単純で甘いものではない。やはり凡人は，そんな言い訳をしたくなる。

キュロスは「それなればこそ，諸都市も彼を信頼してその支配に従い，個々の人間も同様であった」(56ページ)という羨ましいほどの人徳の持ち主であった。人びとは「キュロスと敵対関係になった場合でも，一旦キュロスが和平条約を結べば，相手はキュロスが協定を破って危害を加えることはないと信ずることができた」(同上)のである。

　約束したら守るのが当たり前という信義は，人びとの間で生きていようか。キュロスの胸には，自分自身の誓いや約束を破ることは自身を裏切ることであるというだけでなく，神の存在が意識されている。わかりやすくいえば，天に唾する行為を恥じる態度である。

　キュロスが，対人行動を明確な意志に基づいて実行していたことは明らかである。恩義をこうむるにせよ，ひどい仕打ちや裏切りにあうにせよ，そのいずれの場合も相手の行為以上のことで報いるように努めている。それは，これまでみてきたように恩賞の与え方にも明白である。報復や刑罰の裁定に容赦しない点に，信賞必罰の徹底がある。

　一方で，このことは，キュロスの領地内での安全性がかなり高かったことを示すものであった。施政に妥協のない意志を映させ，正道の遂行が敢然とおこなわれたことによって，ギリシア人であれその他の国籍の者であれ，必要な物を携帯し，なんの懸念もなく好きな所へ旅行できた。為政者として国民に平和と安全を確保することは善政の第一であり，キュロスの為政者としてのあり方を示す格好の例となる。

　キュロスは，戦場での働きが見事な者を最もよしとして重用した。欣然として危地に赴く者や廉直を旨とする者をみれば，ほっておくことはなかった。人材登用の基準に迷いがなく，人として多くの魅力を兼ね備え善政を実行する彼の下（もと）には，それを慕う人びとが集合した。

　何をするにも常に極めて優秀な補佐をもつことができたとあるが，キュロスには，優秀な部下を抜擢し存分に仕事をさせても，その能力を潰してわが身の安泰を図ろうなどという狭い了見は微塵もなかったことがわかる。部下

たちはそのような裏表のない毅然とした主人の態度を知るにつけ，苦労を厭(いと)わず働き，また，所得を彼に隠し立てすることはなかった。キュロスの許では公明正大に財を成してよいのである。

このように振舞うキュロスの凛々しさや雄々しさに心を奪われない人がいようか。彼が上司であったら，夫であったら，恋人であったら……と想像が膨らむ。キュロスの魅力は，若き王子で非常に聡明というだけでなく，その聡明さを正しく使おうとする姿勢にある。それは，つぎの態度が証明している。

> つまり，自分が親しい人間を必要とするのは畢竟(ひっきょう)仕事の協力者を得たいということであるから，彼自身も友人たちに対して，それぞれの人間が希望していると見極めた事柄について，最善の協力者になってやろうと努めたのである（58ページ）。

自分の目的を果たすためには他人の協力が必要だというキュロスの認識と態度を，クセノポンは書き記している。協力を得るためには自分自身も相手の力になるよう努めることが肝要との認識は，帝王学の賜物であろうか。相手を利用するというにとどまらず，自分も他者にとって利用価値のある存在となるようキュロスは努めている。

自分が他者にとって必要とされる存在ならば，自分が他者の協力を必要とするとき，その協力を得るとの認識は理解できるものである。この理解を徹底したら，私たちは，他者に協力を仰ぐとき，ごく自然に恭順や敬意，謙虚な態度になっていよう。相手におもねることなく，また，相手から見下されることなくして……。

キュロスは，その立場上，さまざまな機会に多くの贈物を受け取っている。それらを彼はどうしたのか。富の独り占めをする人間でないことは，これまでで十分理解できた。彼は身につけるものについて，こういっている。

> 自分の体にこれらを全部つけることはできない，それより男子にとっては親しい人々を美しく着飾らせるのが最高の飾りだと思う（59ペー

ジ)。

　これこそ，生まれながらの王者のことばだ。名声や名誉をもつ男子が，自分一人だけを着飾ってもそれは美学に悖(もと)る行為となると知っている。それは，本当のステータスの証明とはならない。立派な主人に立派な家来や執事がついていなければならないのと同様，立派な将には立派な部下の存在が必要である。このことばは，キュロスの美意識を知るうえでも興味深い。

　著者のクセノポンは，キュロスが友人たちに豪勢な恩恵を施すのは権力者である彼の立場から驚くにあたらないとしている。むしろ，他の友人たち以上に心を遣い，相手を喜ばそうと努めたことが感歎に値すると述べている。権力者の位にあって，友人たちの歓心を買う必要のないキュロスが，友人たち以上に他に心を遣い相手を喜ばそうとする。確かにこれは驚きである。誰もがキュロスの友人になりたかったであろう。しかも正しいやり方で。

　もてなしは振舞いとともになされるものであり，飲食の重要性を忘れることはできない。そこに，ホスピタリティの精神が働く。キュロスの行動で，特別にうまい葡萄酒を手に入れたときのことが記されている。このようなとき，キュロスは半分空けた酒壺を友人に届けた。葡萄酒につけた伝言である。

　　このところ久しくこれより旨い葡萄酒に出会ったことがない。それを君にお届けするから，今日は一番の親友たちと共に飲んで空けて欲しい。

　　これはキュロスが食べて旨かったものである。そこで君にもそれを賞味してもらいたいと思う（以上59ページ）。

　また，キュロスは大勢の目に触れる場面では親しい人間を呼んで重要な話をしたというが，このような振舞いから彼を広告戦略のプロと呼びたい。彼の行動は，公衆の面前での認知効果を計算したものといえる。

　キュロスに呼ばれた者は，このような方法により，自分が彼にとって重要な存在であるとみずから触れなくとも世間に知れ渡る。戦略的とはいえ相手の立場を益する行動であるから，国籍を問わず多数の人間が彼を敬愛したと

いうのも道理である。そこに，彼がもって生まれた資質にみずから磨きをかけ，実行した姿をみるものである。

キュロスの最期にもそれは証明された。振舞いが適切で勇猛果敢な武将である彼に，多くの志を同じくする者たちが従い，その命を落とした。クセノポンは，そのようなキュロスを称して，

> 彼自身勇者であったのみならず，誠実で忠義の志が深く，節操の堅い人間を正しく判別する能力のあったことを見事に証明している（60ページ）。

と記している。

3.2.11　キュロスの配慮（巻1第10章）

キュロスは戦って死んだ。そして，首と右手が切り落とされた。首は力強さを表わし，手も同様に強さの象徴である。特に，右手は男性的，理性的，意識的，論理的，攻撃的であることを示す。キュロスは，今やすべての力を失って骸（むくろ）と化した。

ギリシア兵たちはキュロスが戦死したとは知らず，日が沈み始めたころ，武器を置いて休息した。夕食時に自軍の幕舎に着いたとき，彼らは金品の大部分のほか，食料品・飲料品の一切合切が大王の軍隊に掠奪されていたのを知った。クセノポンは，つぎのことを書き記している。

> その上，万一部隊が極度の窮乏に陥った場合には，ギリシア人部隊に配分しようとキュロスが用意していた，小麦粉と葡萄酒を満載した馬車——それは四百台もあったという——も，大王旗下の兵士たちがその同じ時に掠奪していた（64ページ，下線筆者）。

何たる事！　雇い主であるキュロスは戦死し，食糧のすべてが大王の部隊に掠奪されていた。ギリシア人兵士たちの運命は急展開の様相をみせる。もはや，キュロスは存命していないのだ。

今はただ，キュロスの配慮の深さ，すなわち他者を自分のために使う，あるいは用いる立場にある者の器量の大きさを思わずにはいられない。

3.3 キュロスの持て成し

『アナバシス』は，クセノポンによって記録されたギリシア人傭兵の戦地からの脱出行の記録である。紀元前401年，傭兵の雇い主であるキュロスはクナクスで戦死する。そこから，ギリシア軍の祖国を目指す苦難の行軍がはじまるが，本章では巻1のキュロスに焦点を当て，ギリシア人への処遇をもてなしの観点からみてきた。

若いキュロスの彼らに対する老成した態度は，もって生まれた資質と帝王学の賜物といえるであろう。クセノポンのみたキュロスには，冷静に計算された行動戦略をもち，生きるうえでの哲学や悠然と物事を実行する風格ある態度が備わっている。キュロスが，彼に関わる人びととどのように交接したかを知ることで，他者をいかに遇したかの行動原理に迫ってみたい。

キュロスは今から約2400年前の人物であるが，その行動は，クセノポンの報告するところによるとかなり魅力的である。彼の配慮は，神に向けられ，そして，人に向けられている。神に感謝し，友や部下に対しては彼らを喜ばすことに心や財を惜しみなく使っている。戦時下，傭兵をいかに処遇したか，友人をどのようにもてなしたかを知るにつけ，キュロスの魅力が輝いている。

キュロスは傭兵の雇い主であり，王の一族に生まれついたのであるから，自分より下位にある者に喜ばれようとことさら思う必要はなかった。だが彼は，そうした。キュロスの人びとへのもてなし（処遇，交誼）のありようは，相手に自分と同じ喜びを与えるということであり，もてなしに値すると判断した者に対しては，物品の提供や援助を惜しまない態度で接している。

それは，単なる大盤振舞いではなく，正当と評価した者に対する正当なる，いや，そのさいはそれ以上の持ち出しの精神を発揮している。キュロスのホスピタリティは，日本人が祭りのさいの振舞いにみせる「引き受けと持ち出しの精神」に相通じるとはいえまいか。

孔子は「朋有り遠方より来たる。亦楽しからずや」[10]というが，さあ，どうも

てなすか。このことばの意味は「自分と同じ考え方の人が，近辺の人はもとより，遠方からはるばるとやってきて，志した道を共に学ぶことになるのは，なんと楽しいことではあるまいか（人生においてこれ以上の楽しいことはない）」というものである。

　さまざまな意図や目的をもって自分に接近してくる者たちを，相手の言いなりになることなく，自分が主体的にもてなすには何が必要であり，どのように振舞えばよいであろうか。もてなす側は，何を身につけていなければならないのであろうか。

　また，もてなされる側は何をもってそのもてなしに応えればよいのであろうか。キュロスが傭兵であるギリシア人兵士を尊重し，最大のもてなしを惜しまなかったことは，第2節でみてきたようにクセノポンの見聞として記録され，今日，私たちが目にすることができるものである。戦時下に生きる者はうかうかしていられない。キュロスは，人間理解を深め，行動の哲学を明確に提示することで，他者の支持を得ることが可能になると知り実行した。

　軍隊では，人的・物的両面からの補給が継続的になされなければ，軍人とその組織を維持することは早晩できなくなる。物資補給は，隊の士気を維持し兵士を延命させる要件となるものだが，キュロスはその点でも怠りなかった。敗走の兵たちは彼の万全の配慮を知り，どう思ったのであろう。

　傭兵たちは，それを指揮官として当然の危機管理能力とみなし，特別に感謝することはなかったであろうか。いや，そうではあるまい。責任ある立場にある指揮官の明確な責任に基づいた采配は，琴線に触れ，胸を打たれた者は少なくなかったであろう。人間としての魅力がいっそう迫ってくる措置である。

　もてなしは，漢字で「持て成し」と書く。何を持って成すかを考えるとき，キュロスの，市民や部下，兵士，女性に対する姿を思い出したい。

注

（1） クセノポン著／松平千秋訳『アナバシス―敵中横断6000キロ―』岩波文庫　1993年

（2） 戸塚眞弓「〔もてなし〕考―古代ギリシャの饗宴を中心に―」『儀礼文化』第24号　儀礼文化学会　1998年　51ページ。

（3） anabasis：（海岸からの）内陸への進軍。紀元前401年にペルシアの Cyrus the Younger が兄の ArtaxerxesⅡを攻めたさい，従軍したギリシアの Xenophon がその退却の模様を記した *Anabasis*『大陸行』『一万人の退却』に由来（ランダムハウス英語辞典）。

（4） 自分の身を犠牲にする覚悟があってこそ，物事を成就させることができるたとえ（妹尾勇『故事成語ことわざ新解』新塔社　1975年　135ページ）。

（5） 本文では土着民と訳されている。ギリシア語でいわゆる「バルバロイ」のことで，ギリシア人以外の異民族を総称する語。特に，ペルシア人およびその版図内の諸民族を指すことが多い。蔑称。

（6） ラケダイモンはスパルタの公的名称。古名。紀元前9世紀～紀元前8世紀頃ドーリア人が建設した都市国家。

（7） モーセの著作と呼ばれる五書の一冊。モーセは紀元前14世紀頃にエジプトに生まれたイスラエル人の指導者。出エジプトは紀元前1200頃。

（8） Charisma. 神から授けられた超自然的・超人間的・非日常的な資質・能力。予言者・英雄などにみられる。ドイツの経済学者 M. ウェーバー（1864～1920）は，このような資質をもつ指導者に対し，人びとが人格的に帰依する関係をカリスマ的支配と呼び，伝統的支配・合法的支配に対する支配類型の一概念とした。

（9） 吹野安・石本道明「公冶長第5　第14章」『孔子全書第3巻』明徳出版社　2000年　46ページ。

（10）「学而第1　第1章」吹野安・石本道明『孔子全書1』明徳出版社　1999年　41ページ。

第4章 『日の名残り』にみる
執事のホスピタリティ

　本章では，カズオ・イシグロ (Kazuo Ishiguro 1954～) の作品『日の名残り』⁽¹⁾を取り上げ，主人公の執事の職業観をとおしてホスピタリティを考察する。

4.1　執事の職業意識とホスピタリティ

　イギリスの執事の歴史は古く，主家に仕え主人を補佐する専門家とみなされている。職務内容は，屋敷の管理，秘書業務，遺言執行など多岐にわたる。テクストの執事は，徳のある主人に仕えることこそ執事冥利につきると考えており，職務上あるいは職務を離れても雇い主に対して「いかに仕えるか」，ひいては，「いかに尽くすか」の行動実践に打ち込んでいる。

　徳のある主人というが，為政者やリーダー，主人といった立場にある者は有徳者であるべしという前提は，人間関係の思想やあり方として東洋でも馴染み深いものである。吹野安博士（文学）は，有徳者とは，愛情豊かな人であり，恵み深い人をいうと指摘している。

　しかし，なにごとにも愛をもって応えるのは口でいうほど簡単なことではない。そこには，相手や時宜に応じた方法や手段，作法が必要となってくる。

　『論語』に「子謂子産，有君子之道四焉，其行己也恭，其事上也敬，其養民也惠，其使民也義」（「子，子産を謂ふ，君子の道四有り。其の己を行ふや恭なり，其の上に事ふるや敬なり。其の民を養ふや惠なり。其の民を使ふや義なり，と。」公冶長第5第15章）とある。鄭の国の宰相である子産は，賢人として知られる人物である。私人としての行動は極めて慎み深くつつましいものであ

り，君主や長者に対しては慎み敬う態度で接した。公人である為政者として，人民にはいつくしみと憐れみの態度で接し，役を課すときには決まりにしたがっておこなった。

　子産の対人配慮は，上にへつらいおもねることで自己保身を図ることでも，人民をいざというときには思い通りにしようとする人面獣心の権力者のものでもない。自己の職責を最善のやり方で果たそうとする有徳者の態度といえる。

　また，人品骨柄のすぐれた人を「士」というが，孔子は，弟子である子貢の「士と呼ぶに値する人物とはどのような人ですか」との問いに「行己有恥，使於四方不辱君命」（「己を行ふに恥有り，四方に使して君命を辱めざる」）と答えている（子路第13第10章）。意味は，「自分の行動には常に恥を知っており，外国に使者に立っても，君主のご命令を損なわずに誇り高く振るまえれば，士と言ってもいいだろう」である。「士」は，武士や職業上の身分を指していうものではない。

　イシグロの描く執事は「士」と呼ぶにふさわしい人物であり，その行為は現代社会でも決して色褪せるものではない。前章でみたキュロスのホスピタリティは王家に生まれついたものが示すものであったが，主人に仕える立場にある者が全身全霊でホスピタリティを実行するさまは職業人の誇りがある。根拠を以下に述べていく。

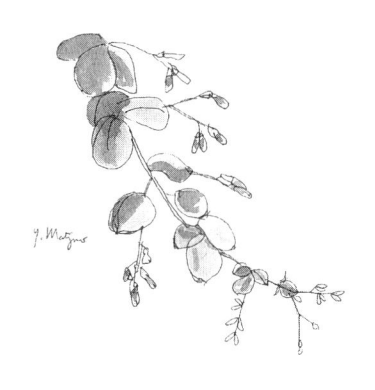

第4章　『日の名残り』にみる執事のホスピタリティ

4.1.1　上下の関係とホスピタリティ

　雇用関係にある主人（雇用者）と執事（被雇用者）には，身分（立場や職位）上の上下関係が厳然とある。それを単に，隷属関係としてや圧迫を授与する関係とみなすのは妥当ではあるまい。たとえ，主従の関係を一歩たりとも踏み越えたり踏み外したりすることのない職業倫理の持ち主であるとしても，雇い主に「仕える」行動が，固定化し硬直化した隷属的観念に縛られているとばかりはいえないことがある。

　それどころか，相互に明確で厳密な関係認識をもち，そこから逸脱しない人間関係に付随する心地よさがみとめられることもある。職業意識に徹することで生まれる行動美学として，上下関係に共感を秘めた人間関係を構築することが可能である。

　仕事を本来的意味でビジネスライク（businesslike：まじめな，本気の，意図的な）に推進することで，専門的業績をあげ信頼を勝ち取り，プロフェッショナル（professional：専門家，熟練者。反対語は amateur）の称号を得る人もいる。執事としてプロであるということは，洗練されたホスピタリティが応接処遇のどのような場面にも自在に発揮されることを意味する。主従関係において，雇用関係上の理想といえる相互に信頼し合う人間同士の絆や，礼を重んじる節度ある関係が醸成されるか否かは，執事の力量によるところも少なくない。

　ホスピタリティの派生するところ，心の交流と呼べる付加価値が生まれる側面は特に見過ごせない。ホスピタリティの実行は，いんぎん無礼に終始するものでもマニュアルに固定化されたものでも，また，冷めた職業意識のなせる業でもない。他者の社会的体面を尊重し，配慮を十分に実施できなければ，おざなりで表面的なホスピタリティに終始し，ホスピタリティの真の感動を与えることはとうていできない。職業意識に支えられたホスピタリティは，今後とも考察されてよい課題といえる。

　『日の名残り』の主人公の職業観は，態度的には矩（のり）（法。規則）を超えず，

精神的には職責を果たすことに徹することで執事道を究めるという自己実現を目指すものである。矩を超えない態度とは，自他の明確な関係間距離認識に基づく人間関係の構築を目指すことをいう。主人公の執事は，人間的に徳があって魅力ある主人に仕えることを職場選択の基準とし，幸いにもそのような職場（主人）を得て喜びと誇りをもって生き生きと働いている。執事としてのプロの自覚は，自然体のホスピタリティへとつながっている。ちなみに，自然体とはつぎの動作に移る構えを備えた態度をいう。

　近年，世界的にみて，執事が注目される職業のひとつになっていることはマスメディアの取り上げ方にも表われている。時代の推移とともに，仕事への認識や取り組む姿勢に変化はみられるが，主人の生活全般に密着する執事の仕事は，守秘義務など職業倫理や誠意ある人間的態度と不可分であることは変わらない。どのような職業・職種に就くにせよ，明確な職業意識に基づく品格ある仕事を学ぶ意義はすたれることはない。主人や主家に「仕える」ことは，彼らを絶対的存在と認識しようとも，それによって主体的に働くことを放棄するものではなく，主人公は，仕事で目指す延長線上に偉大な雇い主のそばで働く偉大な執事たれという大望を抱いている。

　主人を完璧に補佐することで人類に奉仕するという主人公の意志に，ホスピタリティの理念は投影されている。諸科学の発達した高度経済社会にあって，人が働くことの意義は経済効果だけでなく志や態度においても真摯に問われている。「徳」や「品格」を視野に入れて働く主人公の姿は，すべての職業人に貴重な示唆を与えている。

4.1.2　ホスピタリティへの手がかり

　執事のホスピタリティを理解する前提となるそのホスピタリティとはいかなるものであろうか。

　統一国家以前の古代ギリシアにおけるもてなしは，ホスピタリティを考えるうえで無視できない。古代ギリシアの時代には，千近いポリスが存在したといわれる。各ポリスは，それぞれ固有の信仰やしきたりをもった都市国家

として機能していた．ポリスの人民は，民族的には他国であっても同胞ギリシア人（Hellenes）である．他国を訪問する旅人は，客人として丁重にもてなしを受けた．

これは，ゼウス・クセニオス（Zeus Xenios）＝「主客の義を守るゼウス」という信仰（「自分のポリス以外の，すなわち部族外の旅人を厚く保護する精神からでた信仰」）による．人びとによって，オリュンポスの主神であるゼウスが，地上で正しいもてなしが行われているかどうかを旅人に姿を変えて訪問すると信じられていた．

わかりやすくいえば，これは，もてなしに対するスポット・チェック，いわゆる抜き打ち検査である．高き所にいらっしゃる神であるゼウスによって，地上における人間同士のもてなしの行為が実行されているかをみられているという意識は，もてなしに特別な観念が付随していたことを示すものである．所属するポリスは異なるといえども，同胞を保護する意味もある旅人への「もてなし」は，宗教的慎みや礼譲の感情をともなったものであり，「人間世界のあらゆる営み，個人的感情，国家間の軋轢などを超えて，主客の義が人間共通の情操に根ざす自然法のように理解されていた」。

「ホスピタリティ」の語は，新約聖書の「ローマの信徒への手紙」（12-13）に，"Distributing to the needs of the saints, given to hospitality."（「聖なる者たちの貧しさを自分のものとして彼らを助け，旅人をもてなすよう努めなさい」）とあるように，一義的に旅人をもてなす行為に用いられている．また，「ヘブライ人への手紙」（13-2）の "Do not forget to entertain strangers,～."（「旅人をもてなすことを忘れてはいけません」）にみるように，strangers を entertain することである．

主人の客人を執事がもてなすのは，あくまで主人の意を汲んだうえでのことである．

4.1.3 執事の仕事

通常，執事といえば，大方の人が英国の執事を思い浮かべるであろう．本

章でとりあげた『日の名残り』は,「彼(イシグロ)はこの作品で初めて舞台を自国イギリスに選び,古きよき時代の遺物であり象徴でもある[執事]を主人公にすえる。そしてその主人公に,まだ世界に冠たる存在だったイギリスと,イギリス貴族と,その豪壮な邸宅を語らせ,イギリスの偉大な国土を語らせている」(5)とあるように,執事の仕事そのものについて述べたものではない。

しかし,主人公の執事スティーブンスが雇い主を語り,客を語り,家を語るなかに,具体的な執事の仕事と執事職の性格,それへの取り組みがおのずと浮かび上がるしくみになっている。20世紀前半のよき時代の執事として,最初はイギリス貴族に,のちにはアメリカ人の雇い主のもとで「いかに働くか」を模索し実践する主人公の姿から,職務として,あるいは,職務を離れても雇い主に対して「いかに仕えるか」,ひいては「いかに尽くすか」の行動実践がみえてくる。

主人公の節度ある語り口のなかから,職業人としての自負とそれを支える揺るぎない職業観,行動に反映される静かなる知性をすくいあげることによって,「仕える」という仕事が明らかになる。

「仕事」とは,「する事。しなくてはならない事。特に職業,業務を示す」(『広辞苑』)であり,個人的・集団的作業と個人的・集団的関係に分類される。それらはいずれも放射線状的方向性や双方向的導線をもつものであり,ほとんどの仕事が他者(対個人・集団),あるいは他の仕事との関連性のなかで成立している。

仕事の内容や目的はそれぞれ異なるが,仕事は営利・非営利にかかわらず社会性を帯び,「人・物・金・情報・時間・空間」を視野に入れた生産活動といえる。それだけではなく,仕事の遂行上,忘れてはならないのは「心掛け」や「志」,あるいは「誓願」してまでも取り組む真剣さや職業倫理,公徳心といったものであり,それらを実践する真心であろう。

では,執事とはどのような職業であろう。もともとイギリスにおける執事

は「土地所有者たる主人に従属する存在（estate steward）」であり，「執事の歴史はまさしく土地所有とともに古いといっても過言ではなく」，「所領執事の人物像，雇用形態，業務内容，専門性，等々は非常に多岐にわたり，その分類は難事をきわめる」とされている。仕事の内容は所領管理人の職務や秘書業務にとどまらず，給仕人として食事の世話をするなど幅広い。位置づけも，使用・奉公人（servant）でありながら遺言執行人に指名されるなど，単なる一使用人の扱いに終わるものではない。

辞書には，執事は「身分ある人の家にあって，庶務を執り行う人」（『大辞林』）とある。しかし，階級社会が色濃く残るイギリスはともかく，今日の日本社会では皇室を除いてイギリス的理解のもとに「身分ある人の家」それ自体を特定することは困難であり，そこで働く執事の存在をイメージすることもたやすくはない。イギリスにみる執事が該当する職位と職務内容を理解する手がかりとして，企業秘書の役割と業務は大いに参考となるが，そのまま当てはめることには無理があろう。庶務を単なる雑務や事務の範疇でとらえることもできない。執事は機械的に職務を遂行する立場にはなく，人間関係がきわめて濃密といえる側面もある。

4.2 注目される執事職

近年,世界的にみて,執事は若者に注目される職業のひとつになってきている。彼らにとって,執事はホスピタリティの具現者ともみなされている。

4.2.1 執事の育成

パリでは執事を目指して専門学校に入学するものが増えており,「ドアの開閉,きれいな歩き方,コップの磨き方などを半年かけて学び」[8],イギリスの執事学校でノウハウや心得を学ぶなかには「日本人女性の姿もある」[9]などと取り上げられている。亡くなったダイアナ元妃の執事(「元妃に仕えてきたバレル氏」と紹介)の就職先が報道される時代でもある。[10]

前述の日本人女性が学ぶ英国式執事の心得を教える学校では,5週間のコースに盛り沢山のカリキュラムがある。使用人の雇い方からワインの選び方,また主人のプライバシーに関する守秘義務など,生活全般に密着する執事職の仕事の守備範囲は幅広く奥深い。職務内容は時代の変遷に応じて変化しているが,記事のアイバー・スペンサー国際執事学校校長のスペンサー氏は,よい執事の条件として完璧主義者,柔軟性,忠誠心の必要を説き,「家族より主人を優先させるぐらいの覚悟がいる」とのことばが紹介されている。[11]

情報社会の執事は,自己演出に気を配っている。彼らは,洗練された動作やしぐさ,言葉づかいなどの映像的・視聴覚的効果とその意味を知っている。従来みられた秘書や,家政を取り締まる実務家的能力は,依然として高く求められている。そこに,中世ヨーロッパの騎士が王や崇拝する女性にかしずくような忠誠心や守秘義務があることが,雇用上の信頼を勝ち取り信義あるホスピタリティの実行者と呼ばれるに値するであろう。実際,騎士たちは三つの奉仕義務が課せられていた。それらは,①主君への奉仕,②教会への奉仕,弱者の保護,③貴婦人への奉仕,というものである。

現代社会における執事志願者は,失業対策の一環や給料にひかれてのことが多いという。雇用者は当然のことながら金持ちが多い。執事としての成功の秘訣は,ハンサムで控えめで気がきく人間である。[12] このようにみていく

と，採用基準は，容姿など視覚上の理由が優先しているかのようであるが，もちろんそうではない。

　情報社会の形成は秘密を守ることが容易でない側面をみせている。今や，社会的地位の高い人びとや社会的注目度の高い人びとの品格に欠ける行為も直ちに一般市民の耳目に入る仕掛けとなっている。だが，執事やそれに類する人を雇う身としてみれば，主人の生活に密着する彼らにその都度，浅薄で悪意あるゴシップ臭に満ちた暴露本などを出版されてはたまらない。

　しかしすでにそれは，イギリス王室（離婚や愛人騒動など）やアメリカ大統領府（クリントン氏の不倫騒動など）の例にみるように現実に起きている。社会では声高に守秘義務が叫ばれるが，それを遂行する側の倫理観や職業意識が後退する社会状況を放置するなら，その履行は危ういものとなっていく。そもそも，人はおしゃべりで人の噂話が好きなのである。

　守秘義務を負うべき任務者およびその側近や担当者は，社会の様変わりのなかで，真の社会正義や倫理に則った誠実な態度を貫く意味を自覚すべきである。職務遂行における品格は辞めたあとまでも求められているとの認識は，時代おくれと切り捨てられてよいものではないであろう。

4.2.2　執事理解の手がかり

　執事の今日的理解の手がかりとして強いてあげれば，日本では議員秘書が考えられる。特に，議員に近い秘書の立場であればあるほど，執事的就労形態が求められているといえよう。本来，執事は個人の館に居住して全体の管理や監督に目配りするものであり，職務の時間的構造を確定するわけにはいかないのが特徴である。議員秘書は議員宅に居住はしないとしても，労働時間の定時性などは望むべくもないであろう。

　議員秘書の仕事も多岐にわたる。定型業務（routine：ルーチンワーク。慣例となっている手順，定例の仕事）はむろんのこと，非定型業務（non-routine：ノンルーチンワーク）である突発的事態や危機管理に対処する能力が求められ，議員の私生活に密着し，選挙資金の管理や陳情応対，政策秘書であれば

政策立案などブレーンとしての働きが求められている。

　黒服に身を包んで飲食の給仕をするといった世話はしないが，食事の手配から日程管理，冠婚葬祭の代理出席業務や采配まで仕事の守備範囲は広い。ここに，執事が主人に仕えると同様，議員に「仕える」秘書の姿を見出すことが可能である。また，黒子的存在であるのも執事と同様といえる。

　それは，「仕える」は「事える」とも書き，公・私的な場面での行為を指す。一般に，上司と部下，雇用者と被雇用者，主人と使用人の関係など地位や序列，上下関係があるなかで，下位にある者が上位の者の身近にあって用を足し，相手の必要を満たすことを示す。「かしずく」や「奉仕する」といった意味もある。すると，読者はすぐに「サービス」ということばを思い浮かべるであろう。

4.2.3 「仕える」仕事

　サービスの語源は，ラテン語の survus（奴隷，戦利品としての外国人）から派生している。servitium（隷属），servus（奴隷）となり，中期英語の servise が現在の service となった。中期フランス語の servus より派生した serf は農奴や奴隷（のような人）を指すことばである。servant や slave は明確な上下関係のもとで働く人びとを指す。サービスは，封建制度下での臣下の主君に対する奉仕の意味をもつことばである。

　現代でも，人に仕える立場にある者は仕える相手の満足を常に考え，また，求められる立場にあるといえようが，サービスを受ける側に封建的意識が働き，サービスする側に滅私奉公的働きを暗黙のうちに要求しているのであろうか。そもそも，現代の就労者に，「所属する個人や集団」のために「仕える」という意識を見出せるのであろうか。「仕える」ということばに封建的ニュアンスを感じる人もいよう。

　しかし，筆者は，「お家のため」「主人のため」という意識が印象づけられる「仕える」ということばや行為が，過去の遺物であって，取り上げるに値しないとは思わない。また職業形態においては，人が人に「仕える」行動

は，職務上というだけではなく，精神的側面からもさまざまな職種や業務分野で見出せるものである。公僕（公衆に奉仕する者。あるべき姿としての公務員を指す）ということばもある。

　それだけでなく，私たちの日常生活において，ことばのうえでの意識はともかくとして，ホスピタリティは親子や友人間で親切や好意の表われとして実行されている。そのホスピタリティは，人間同士の絆や礼を重んじる節度ある態度や行為表現として，その実行範囲はあらゆる社会の局面で有効な概念といえよう。

　現代でも，執事と主人の関係は，身分上，厳密に保たれており，執事は雇い主である主人の立場を決して超えることも踏み込むこともない。職務をとおして自己の責任を果たす前提に，相互的信頼を掲げ，雇用者と被雇用者の関係環境を整備し維持するための具体的な技術の構築を目指すものである。今も昔も，職務の本質を理解し，そのことに「誠実」で「忠実」な態度が，仕事の質や働く者の品格を高めていくといえる。

4.3 『日の名残り』にみる執事のホスピタリティ

　物語の背景となる時代は第二次大戦前夜から終戦後にかけてであり，今からおよそ70年前にさかのぼる。執事について，イシグロは「戦前の大きなお屋敷で執事を務めるというのは，あんた，じつにたいへんなことでね，どれだけの仕事をこなさなければならないかを知れば，きっと誰でも驚くよ」（291ページ）と，ごく小さな屋敷の雇い人に語らせている。

4.3.1　執事スティーブンスの職務理解

　主人公スティーブンスは，最初2世紀にわたる名家であるイギリス人の雇い主に仕え，戦後，屋敷を引き継いだアメリカ人に引き続き雇用される。独身。父親も同様に執事であった。

　主人公の執事の仕事に対する見解は，「私どものような職業のものは，たしかに国の名所旧跡を見て歩くという意味では見聞が広いとはいえませんが，真に『国のありさま』を目のあたりにするという意味では，大方より恵まれているのではないか，ということです。なにしろ，私どものいる場所こそ，イギリスで最も重きをなす紳士淑女のお集まりになる場所なのですから」（6ページ）というものである。

　自分の職業を正しく理解することは社会人の初歩であるが，主人公は執事という職業の重要性を経験から認識しているだけでなく，誇りを抱いている。同じ仕事に就く父親の姿から学んだ部分が少なくない。スティーブンスは，父の仕事ぶりを身近にみている。名家・名門が集まるイギリスの上流社会では，いかにその名に恥じない雇い人を抱えているかということが名家の要件となる。雇われる立場からは，立派な主人に仕え信頼を得ることが自己のキャリアとなる。

　この点で，主人公の主人に「仕える」価値観は，「雇主の徳の高さ」（135ページ）を重視する姿勢で貫かれている。執事として，あくまで「人類の進歩に寄与しておられる紳士にお仕えしたい」（同）という思いが基本にある。働くうえでのポリシー（信条）や志を明確にもっている。

雇用者からみればよき執事を得ることは，対外的にも家の格付けや評価のうえで「鬼に金棒」となるが，執事にとってよき主人に仕えることは「虎の威を借る」ものであってはならない。また，そのように少しでも考える執事は，執事失格といってよいものである。
　執事がよき雇い主を求めて転職していくことは，現実世界でも当たり前のこととしておこなわれている。主人公が理由としてあげているのは，「もはや，いただくお給料，お屋敷に働く召使の数とか，光輝ある家名といった問題だけではありません。私どもの世代にとりましては，執事としての職業的権威が雇主の人間的価値の大きさに比例して決まってくると言っても，決して言い過ぎではないと存じます」（136ページ）と述べ，雇い主の「人間的価値の大きさ」，すなわち人格に重きを置くと明快である。有徳者でない主人は，こちらからお断りだというのである。自己の職業的権威が雇い主の人間的価値の大きさに比例するとの考えは，バランスのとれた車輪のようである。よほどのアクシデント（事故）に出会わない限りどこまでも軽快に，また安全に前進することが可能であることを示すものであろう。
　執事に，執事の職業的権威を保つためには人間性の高い，すなわち徳の高い雇い主に仕えることが要件となるとの明確な態度があるように，雇い主にもそのような執事を抱えていることが雇い主の名声を高めることになるとの考えがみられる。その意味で，上下関係は厳格だが，両者は補完し合う関係として機能している。仕事上というだけではなく，個として理解し，認め合う人間関係が存在する可能性も否定できない。
　それは，つぎのような場面からも浮かび上がる。雇い主である主人が，「スティーブンス。こんなことを頼むのは筋違いだとわかっている」（95ページ）といって，彼に依頼したのは，自分が名付け親になった23歳の青年が結婚するにさいして，生命の神秘を教えてやってくれというものであった。

　　　こういうことでございましょうか？ 必要な情報をレジナルド様にお伝えする役目を，私にやってほしいと…？（97ページ）。

現代人からみるとなんとも悠長に感じる場面ではある。しかし，そうだとすれば，何事もあからさまにし，単刀直入をもってよしとする風潮に私たちは毒されているのかもしれない。土足で相手の精神的領域に踏み込んでいる場合はないであろうか。日本にも，察し合う会話や態度の美風があったことを忘れてよいものではなかろう。

　主人公は，自分の世代を「職業的野心をどのような目的に発揮したいかを問わずにはいられない」（137ページ）と位置づけ，「よりよい世界の創造に微力を尽くしたいと願い，職業人としてそれがもっとも確実にできる方法は，この文明を担っておられる当代の偉大な紳士にお仕えすることだと考えたのです」（同）と，はっきりと，働くうえでの志の高さをみせている。その実現のための職業的手段として，執事を選択している。仕事上の野心は個人的次元にとどまることなく，あくまでも広い視野に基づいている。

4.3.2　職務とホスピタリティ

　国のなかで最も重きをなす紳士淑女と日々接する自分に，仕事上の過ちなどあってはならないという確固たる信念も，このような職場環境と職業意識のなかで涵養されている。事実，主人公は，「これまでおよそ過ちというものに無縁であった」（7ページ）と慎重な仕事ぶりの実績を匂わしている。

　だが，人間として，過ちと無縁であることは永久には続かない。一方で，この数ヵ月間に仕事のうえで小さな過ちをいくつか重ねたことを告白する。それは，戦後，屋敷がイギリス貴族の主人の所有からアメリカ人に替わってからの出来事である。これまで主人公の下で17人の雇い人が働いていた屋敷の運営を4人という縮小規模でおこなうことになり，結果として，そのしわ寄せは彼一人にのしかかってくることになった。「自分自身の限界の見極めが甘くなったような気がいたします」（12ページ）ということばは，主人公の老いを感じさせる部分である。

　「長年の経験と，こうした問題ではすでに習慣となった注意深さがありますから，実際にできる以上のことを引き受けたりはいたしませんが」（12ペ

ージ）とはいえ，主人公の小さな過ちの原因も，つまるところ「私は仕事を抱え込みすぎていたのです」（12ページ）との結論に行き着く。もっとも，屋敷の持ち主が交代するという過渡期にあって，仕事によっては自分一人で抱え込むことになったのもいたしかたないとのあきらめもある。

しかし，それで生じた結果に甘んじるものではなかった。

「原因は職務計画の不備にあって，それ以外のなにものにもない」（7ページ）と問題の所在を明確にしたうえで，「いやしくも執事たるもの，職務計画の作成には，慎重のうえにも慎重を期さねばなりません」（8ページ）と反省する。

『論語』にいう，「子曰はく，忠信を主とし，己に如かざる者を友とすること毋かれ。過ちては則ち改むるに憚ること勿れ，と」（子罕第9第24章）。「過ちて改めざる，これを過ちという」（衛霊公第15第30章）もある。自己の過ちを素直に認めることは，経験や自信のある者ほど困難なことが多いのもまた事実であろう。

しかし，そんなときこそ，すぐに情報を公開したりして過ちを認めて訂正したり，改善を図るなど最善の道を模索すべきである。ごまかしたり隠蔽したりすることは，被害を拡大し信用失墜につながる行為となる。このような例は，企業でも事欠かない。それは，そこで働く人びとの理念に曇りが生じていることを示す何ものでもないであろう。人類や社会に奉仕するという理念が欠如しているところでは，そのようなことを繰り返さないとは誰にもいえないのである。

『論語』に，「曽子曰はく，吾日に吾が身を三省す。人の為に謀りて忠ならざるか。朋友と交りて信ならざるか。伝へられて習はざりしか，と」（学而第1第4章）とあるが，日に何度となく自分の行いをさまざまな観点から省みることは，洋の東西を問わず，自分に厳しく謙虚なものが取る姿勢といえよう。

執事仲間内での仲間に対する評価は，「すぐれた職務計画の作成こそ一人

前の執事の証明である」に示されている。1日・1週間・1月・1年といった短期・中期・長期の職務計画が念入りに作成できてこそ，一人前の執事といえるのである。この言に主人公も全面的に賛意を表わすと同時に，「私自身，これまで多くの計画を作成してまいりましたが，あとで変更を余儀なくされるようなものは，まず作ったおぼえがありません」(以上8ページ)と自信のほどをほのめかしている。

　一人前と自称しても，このようなことばは誰でも口にできるものではないであろう。計画を作成し，計画どおり遂行し計画どおりに終了することが，実はたやすい業とはいえず，ときとして計画倒れに終わることもあることを私たちは知っている。仕事には相手があり，常に自分の思惑どおりに進むとは限らない。

　それゆえ，このことばは主人公の静かなる自信，すなわち，これまで執事として実務能力に具体的な評価を得てきたとの自負がいわせたと知れる。計画は，まず目的・目標があり，その達成のために立てられる。主人公は計画の作成段階から，必然や偶然によって生じるあらゆる事態を想定したうえで，綿密に計画を練りかつ臨機応変に対処することを盛り込む仕事のやり方を身につけていることをさりげなく示している。

　戦時下に屋敷でもたれたある重要な会議にさいしては，将軍が作戦を練るがごとく特別の職務計画を作り上げた。そのさい，「私どもの最大の弱点がどこにあるかを分析し，その弱点が突破されたときのために，幾通りかの緊急避難的な計画も作成いたしました」(90ページ)と，自己分析からはじめるノウハウを示している。そのうえで，召使いたちに檄を飛ばすなど成功への雰囲気づくりに余念がない。「会議中の数日間このお屋敷で働けることは，誇るべき特権である。なぜなら，歴史がこの屋根の下で作られるかもしれないからだ…」(91ページ)と。これは，普段，筆頭執事であるスティーブンスが大袈裟を好まない人間であるという部下たちの理解のもと，よりいっそうの効果をあげている。

第4章　『日の名残り』にみる執事のホスピタリティ

そのほかにも，ゴシップが外に漏れ出す危険に対処するなど仕事は信頼できる内部の者たちで結束しておこなわなければならず，職務遂行用マニュアルの内容を重要視している。会議に参加する要人を全員一丸となってもてなすうえで，家中の掃除や備品の確認はもちろんのこと，客用の銀の食器類を磨き上げる指示の一つひとつにまで手を抜くものではない。仕事に厳格で隙のない執事としての性格がみてとれる。部下にとっては，仕事に妥協を許さない上司である。

これらから主人公が職務遂行のスタイルにPlan-Do-Seeサイクルの方法論を明確にもち，計画と実行に不整合があってはならないとの断固たる意志をゆるがせにしないことがわかる。客人歓待の実践において，雇い主を頂点として，雇い主に仕える執事，その部下といった構図が明確にできあがっている。執事は全体の要に当たる存在と位置づけられ，これにより私たちは，執事の職務とは寸分狂いなく実行される専門職であることを理解させられる。

4.3.3 プロ意識とホスピタリティ

執事は屋敷内全般にわたって人的・物的財産管理をおこなうとともに，対外的な顔としての位置づけがあるなど仕事の守備範囲は広い。スティーブンスと最初の主人との関係は良好であった。重要な会議開催にさいしても，「いつもどおり，卿は私には何事も隠されませんでした。熱心な相談事の現場へも自由に出入りさせていただきましたから，云々」（94ページ）とあるように，強固な信頼関係にあった。

雇い主は替わったが，先住者の雇い人の評判を新しい主人は決して無視してはいない。筆頭執事である主人公は，さっそく新主人から人事を任されている。しかし時勢からも，満足のいく水準の召使いを求めるのは楽ではない状況のもと，主人の替わった屋敷によい召使いをみつけることの困難さを訴えている。とはいえ，主人公の執事観は実に明快だ。

「執事というものは，生活全般でとぎれることのないサービスを雇主に提供すべき」（164ページ）との考えに立ち，執事として理想主義を掲げる立場

をとる。「執事はすべからく，人類の進歩に貢献している偉大な紳士にお仕えすべきだ，少なくともそう心がけるべきだ」（164ページ）と繰り返し語っている。その態度は新雇い主に対しても変わらず，自己を最大限奉仕することに用いることを厭(いと)うものではない。あくまで，雇い主の意向や生活に密着して仕事を遂行しようとする姿勢がある。

　主人公である執事は，結局，最小の人数で屋敷を維持し管理していくことになる。主人の「君の経験と技術を総動員して，そうした損失が最小限にとどまるよう工夫してみてくれないか」（9ページ）との要求に，プロの執事として逃げたり投げ出したりするわけにはいかないのだ。有能な執事は，柔軟性に富み挑戦的だ。主人公の意識の根底には，アメリカ人の新しい主人に「イギリスにおける最良のサービスというものを見ていただかなければなりません」（165ページ）という誇りと決意が潜んでいる。

　スティーブンスは，新しい主人の希望や期待に沿うべく仕事に取り組んでいく。彼は，人員の縮小，社交的行事の減少といった緊縮財政とともに，社会的体面を保つという，相反する要件にもこれまでの経験や習慣となった注意深さをもって対処していく。「組織的な思考と先を読む能力こそ執事の基本的要件」（188ページ）というが，足りなかったものもある。それは，「余裕の見込み方」（12ページ）であった。

　人間はいかに能力があろうとも，ひとりでなにもかも抱えて仕事をすることはできない。しかしスティーブンスはこのような事態，すなわち物事がうまく進行しない情況に我慢や妥協をすることはできない。プロとしての執事の自尊心がそれを許さないのだ。ならばやはり，人をさがさなくてはならない。彼は，主人の，休暇を取ってよいとの提案をありがたく受け入れ，かつての同僚に再就職の意志を確認することも含めて6日間の旅に出る。

4.3.4　執事と主人との関係

　主人公の考えは，執事は主人に楯ついたり，異議を申し述べたりする立場にないというものである。執事として，たとえ主人が間違っていると思える

ときでも「困難な任務であればこそ，執事としての品格を損なうことなく遂行せねばなりません」（172ページ）という態度が揺らぐことはなく，「私どもの職業上の義務は，ご主人様の意思に従うことにあって，自分の短所をさらけだしたり，感情のおもむくままに行動したりすることではないはずです」（173ページ）と明確に定義している。

しかし，それが雇い主に対する無批判な態度であるとか，自己保身の態度であると短絡的に決めつけることはできようか。主人に対して狎れなれしい態度や，差し出がましい態度をとることは執事の領分から逸脱するとの認識は徹底している。無感情で無意志，無批判であり，取り澄ました人種が執事であると，軽々に烙印を押すことはできない。雇い主が替われば新雇い主とのコミュニケーションを工夫するなど，主人公の努力は続く。

主人公の執事は，アメリカ人の主人に仕えてカルチャーショックを受けている。ジョークの質も内容もイギリス人の主人とは異なると感じているが，ラジオを聞き，本を読み，能力を高める努力を惜しまない。アメリカ人の雇い主から休暇を取るようにといわれても，「なんと申しましても，アメリカの方ですから，イギリスで普通に行われていることと，そうでないことの区別を，まだよくご存じではありません」（7ページ）と，当初は真剣には受け止めていない。屋敷内にとどまり休みなく働くことを当たり前の執事の姿と考えている。

執事というだけでなく，職業人としていかなる人物（上司）に仕えるかは，見過ごすことのできない要件であることは繰り返し述べてきた。風土や文化が人間の営みや職業意識に与える影響も無視できない。イギリス人の雇い主に対しては，つぎのことばが手掛かりになる。主人公が最も心服していた雇い主である。しかしそれは新雇い主の前ではおくびにも出さない。

　　時代の大問題を解決されるため献身的な努力をされる方々には，高貴な家柄の紳士が多いのは事実でしょう（136ページ）。

イギリスが階級社会であることは，今日でも否定できない事実である。貴

族階級に属する人びとには，特権とともに，イギリス的行動美学として「ノブリス・オブリージュ」(noblesse oblige) の実践が課せられている。よく知られるように，高貴な家柄の人びとは思考や行動において高潔な態度を求められており，有事などいったん事あるときには率先して他の人びとの先頭に立つという伝統がある。有徳者の伝統的行動といってよいものである。

有徳者としておのずから備わった「プライド」は，身体や心をとおして他に波及するものである。それらは，身のこなし，話し方，考え方に表現されるとして，言葉づかい・服装・立居振舞いを徹底して教育される。主人公は，そこに「高貴な家柄の紳士に仕える者もまた，紳士でなくてはならない」との考えを重ねあわせている。

執事は，1920・30年代のイギリスでは憧れの職業であった。すばらしい執事の噂を聞いて真似をする者も少なくなかったという。また，同業者同士が「執事」，および「執事の仕事」について真剣に議論する土壌があったことを，主人公は「知的で刺激的な議論を繰り広げた」(36ページ) と懐かしむ。

4.3.5 執事の職業的権威

小説『日の名残り』に描かれた執事の団体ヘイズ協会をみてみよう。協会は、「超一流」の執事しか入会させないことを謳い文句にしており、定義についてかまびすしいのはいずこも同様のようである。主人公は、つぎの声明に重要な真実を含んでいると認めている。ここでも執事を単なる使用人や技術職と位置づけるものではない。

> 最も決定的な条件は、入会申請者がみずからの地位にふさわしい品格の持ち主であることである。この点に不足のある申請者は、その他の能力・業績がいかなる水準にあろうとも、当協会の入会資格を満たしているとはみなされない（38ページ）。

品格は、素質論や形態論にとどまるものではない。自己の努力によって身につけることができるというのが著者の見解であることは明らかである。品格は人格そのものである。スティーブンスは、品格は職務内容を理解し、職責を果たす日々の務めのなかからも涵養されると考えている。このことを、実父である執事の二つのエピソードを例に語っている。

父執事には「正しい発音、さわやかな弁舌、鷹狩りからイモリの交尾にいたるまでの博識など、どれもない」（40ページ）が、それは執事の本質論ではないとする。では、執事の本質とは、どのようなものであろうか。

父執事が客を乗せてのドライブ中、悪ふざけが過ぎ最後には自分の主人の悪口をいう客に対し、彼は運転していた車を止め、無言でドアを開け、その場に立ち尽くした。客たちは、その態度に主人への忠誠心のある態度をみるのであった。そしてそれは、「自己の尊厳とお客様への服従を完全に両立させた」（44ページ）抑制された態度といえる。

別のエピソードもある。父執事の実の息子を戦争で犬死させたも同然の作戦の指揮官が、主人の客として招かれたときのことである。彼は、従者は連れていない。主人は、父執事に世話をやくよう命ずる。父執事は、最大級の憎しみをもつ相手の従者として「真情を隠しつづけ、義務の遂行になんの手

抜かりもなかった」(48ページ)。そのような父の姿に，息子ながら，仕事に徹することで父が身につけた執事としての品格をみている。知識の量などではないのだ。

　特に，父執事の戦死した息子と客として招いた指揮官の関係を知って，顔もみたくないであろう指揮官につかせることを気にする主人に対し，主人の事情を 慮 (おもんぱか)り，すすんでその任に就いた父親の姿に執事のあるべき姿をみている。指揮官はその事情を知らない。

　執事が主人に仕えることを本義とする職業であるにしても，今日のそれは有無をいわせぬ奴隷的忍従を強いるものではないであろう。主人に敬愛の念を抱けばこそといえ，また，主人に使用人への配慮があればこそであろう。封建制が色濃く残る時代であっても，自己の尊厳をもって働くことに歯を食いしばって取り組んできた人びとがいる。たとえ，心ひそかであれ，仕事との取り組みは自らの心の持ちようや精神のあり方に感化されている。

　この一方，執事の立場には，主人に仕えることの延長として客への絶対的忍従や服従があることを自覚しているのである。そこには，それが主人を生かす「仕える」という職務遂行の姿であり，主人に恥をかかせるわけにはいかないという職業上の強い意志がある。どのような客であっても，執事としての姿勢を崩すことがないプロ中のプロとしての姿勢は尊敬に値するものであり，それはホストである主人に至誠を尽くす姿に通じている。

　私情をはさむことなく職務を遂行する徹底した自己管理は，感情の抑制能力をともなって表情や行動のあらゆる面で実行される。執事のポーカーフェース（無表情な顔つき）は，非情さや単なる慇懃無礼な態度を示すものとばかりはいえないであろう。執事とて感情なき存在ではない。

　主人公はそのような父親の姿に，「品格の有無を決定するものは，みずからの職業的あり方を貫き，それに耐える能力だと言えるのではありますまいか」(49ページ)と結論づけている。職責をまっとうするにおいて，ときとして自らの人格をかけた忍従，忍耐があることをいうものである。

品格は人格に備わるものというにとどまらず，職業上の品格の存在を示唆している。それを具現化するのはそこで働く人間しかできないことである。主人公は，「持っている人は持っているし，持っていない人は持っていない」とする別の執事のことばに対して，この問題でそのような敗北主義に陥るべきではないと自己の思いをつぎのように述べている。

　一人一人が深く考え，"品格"を身につけるべくいっそう努力することは，私ども全員の職業的責務ではありますまいか（51ページ）。

執事の職責についての主人公の考えは，単に仕事ができるというだけでなく品格ある仕事ができるよう努力することにある。しかもその努力の行き着く先は，確かな結果をもたらすものと結ばれていなければならないのだ。執事全体の評判や評価に配慮するなど，執事職に就くものとして，個人的野心にとどまらず全体に目配りしている。これは，仕事に対する真摯な姿勢以外の何ものでもないであろう。

執事が執事として歩んだ足跡を残そうとしたらどうすればよいか。主人公の答えはこうだ。

　自分の領分に属する事柄に全力を集中することです。文明の将来をその双肩に担っておられる偉大な紳士淑女に，全力でご奉仕することこそ，その答えかと存じます（240ページ）。

いみじくも主人公が「より基本的には，"忠誠心"の問題に行き着きます」（241ページ）というように，執事として働くことは最小単位である主従という二者の関係のなかで思考するところから出発する。人同士の関係に派生する「信」や「義」「忠」といった人間行動の規範となる考えや，「徳」といった倫理の問題に行き着くことは当然の帰結である。

4.3.6　態度と服装にみる執事のホスピタリティ

執事は奥向きの仕事をするだけでなく，人と接する職業である。立っている姿は美しく，控えめだが堂々としていなければならない。威厳をもって，しかし目立たず，姿勢はあくまで正しく，所作においても雇い主の名誉を

貶(おとし)めるものであってはならないとの配慮が常に求められている。だらしない歩き方などはもってのほかである。

　また，服装へのこだわりは大きい。単なる見栄や気障(きざ)というだけでなく，職業戦略上の身だしなみとして対外的印象を高める目的をともなっているのが特徴である。旅行に出かけようとしている主人公にとっても，服装は大問題である。それは，旅先でどのような事態にあって身分を明かさなければならないときがくるかわからないとの思いからきている。個人的な服装プランにとどまらない意識は，「そのようなとき，私がダーリントン・ホール（勤務先）の体面を汚さない服装をしていることは，きわめて重要なことだと存じます」（14ページ）と明確である。

　昨今，日本では，学校や職場で，服装は自由な自己表現だと考えているような場面が少なからず見受けられる。内・外意識や立場のけじめが曖昧(あいまい)な風潮もみられる。戦略的で明確な職業意識に則った主人公のことばをどの程度理解できるであろうか。教師であっても，気楽な服装のほうが堅苦しくなく学生も親しみやすいといって，ジャージや半ズボンスタイルで教壇に立つご時世である。

　多くの若者にとって休暇という自由時間に自由な服装をすることは当然のことであって，そこまでしばられている（と思われる）主人公に同情こそすれ，立派な態度と思う意識は希薄なのではあるまいか。しかし，当時の職業意識からすればここまで考えて配慮するのが当然であり，雇い主との関係を踏まえた気遣いは私的時間においても使用人を支配するほどのものであることがわかる。

　だが，それは単に，いついかなるときも主人に拘束される気の毒な雇われ人を意味するものではないであろう。押し付けられた行動倫理ではどこまで守られるかおぼつかない。ここには，職業人としてみずからの「分」を知って「わきまえる」という態度がある。自分がどこに所属しているかの意味を熟知しており，その社会的位置づけと関係を把握したうえで，主人の品位や

社会的名声を落とさないという忠義を根底とした律儀さと自律の精神がある。それが，すなわち自己の品位を落とさないことと知っている主人の社会的地位や誇りまでも担う，自身，誇りある使用人の姿である。

加えて，職業人としての自負心がある。「高度の専門知識」(58ページ)をもって働く執事として，隙のない身だしなみでわが身を包むのは当然のことであり，それはもはや内外の境界を区別するものではないところまで徹底したものになっている。いついかなるときでもきちんとして，礼を失しない服装を保持するのは当然のマナーであり，身だしなみを整えることが特別のことではない意識に到達している。そこにも専門職としての執事のあり方が示されている。

執事はまた有能な給仕でなければならない。その態度は「どなたのご用でもすぐ承れる態勢を保ちながら，同時に，自分がそこにいないかのように振る舞わねばなりません。偏在と不在の間に適切なバランスを保つことこそ，よい給仕の本質と言えましょう」(84ページ)と，洗練された立居振舞いのありようを語っている。

まとめ

　今日，機械文明の恩恵を得て生きる現代人に欠如しているかにみえるものは，行動規範や職業倫理ではなかろうか。自由時間の過ごし方や服装への配慮など時代錯誤と指摘される点もあろうが，筆者はイシグロが描く執事に，自己の人格や技能を磨き，職場で「忠誠」を尽くす姿をもった迷いのないプロとしての職業人の姿をみるものである。仕事と誠実に向き合うなかで構築してきた自信を裏付けとする職務態度がある。

　日本の伝統文化である茶道は，亭主がみずから客をもてなす方法論をもつ点で欧米とは異なるホスピタリティ文化を示すが，それとて裏方の力を無視するものではない。

　「仕える」ことは主人への盲目的・盲信的態度として表われるものでもなく，仕事で目指す延長線上には偉大な雇い主のそばで働く偉大な執事たれという大望がある。自分の能力を惜しみなく主人に捧げ仕える執事に，精神性において主従間に五分の関係をみるものである。立場の違いはあるが，ホスピタリティ（対人奉仕）は「してやった」や「してもらった」という精神的優越やとらわれ，貧困が見え隠れする行為ではない。

　諸科学の発達した現代社会にあって，人類に奉仕するという考えが問われている。『日の名残り』がイギリス社会はもとより他の社会でも支持された背景には，そのような直感的心理が働いていたのではなかろうか。

　ホスピタリティの理念は，他者への奉仕や配慮に理解をすすめるうえで有効な概念といえる。

注
（1）　著者は日本で生まれ，イギリスに帰化。『日の名残り』(*The Remains of the Day*, 土屋政雄訳　中央公論社　1990年）で英国ブッカー賞を受賞。A. ホプキンスの主演で映画化された。
（2）　戸塚真弓「『もてなし』考―古代ギリシャの饗宴を中心に―」『儀礼文化』第24号　儀礼文化学会　1998年　52ページ。

（3） 新共同訳『新約聖書詩編つき』日本聖書協会　1990年　292ページ。
（4） 同上書　418ページ。
（5） 土屋訳　前掲書　300ページ。
（6） 高橋裕一「イングランドの『所領執事（estate steward）』—その時代的推移—」『高崎経済大学論集』第39巻第3号　1996年　44ページ。
（7） 秘書の役割として，①上司から雑用を取り除く，②必要とされるときに，自分の考えを提供し，上司の意思決定を助ける，③人間関係の橋渡しをする，がある。また，秘書業務として，①スケジューリングと出張業務，②来客の接遇，③会議と会合，④文書業務，通信業務，レコード・マネジメント，⑤ファシリティ・マネジメント，⑥ヒューマン・ネットワーク業務，⑦総務業務，その他，⑧突発的な事態，がある（福永弘之編『エクセレント秘書学』樹村房　1992年　18，29ページ）。
（8） 朝日新聞1998年6月4日付
（9） *Newsweek* 587号　1997年　56～57ページ。
（10） 朝日新聞1997年10月30日付
（11） 前掲 *Newsweek* 57ページ。
（12） 朝日新聞1998年6月4日付。

第5章　福祉とホスピタリティ
―大高善兵衛の行為―

　物質文明が繁栄するなかで，経済的成功をはじめとする自己の欲求の充足ばかりを追求する人間の姿には薄ら寒さを感じる。1980年代のバブルという経済狂騒曲を演奏終了後はや十余年が経とうとしているが，私たちは地道で堅実な生活ぶりを取り戻したといえるのであろうか。

　21世紀を迎え，IT革命（Information Technology：情報技術）が進み，人工的・人造的世界がますます構築されようとしている。クローン人間の誕生が現実味を帯びるなど生命科学の行きつく先に対する不安がぬぐいきれない。ノーベル賞作家ソルジェニーツィン（A. I. Solzhenistyn 1918～）が「20世紀は，人類のモラルが向上した世紀ではなかった」と指摘するように（読売新聞2000年3月15日付），文明の進化即人間の精神・行動文化の進化を意味するものではない。

　しかし，人は人間的ぬくもりを感じさせる行為に価値を見出し，よき人間関係の構築を希求する意識や態度を放棄するものではない。そこで，ホスピタリティとの関わりについて考えてみよう。

　本章では，大高善兵衛の行為を福祉のホスピタリティとして取り上げる。ホスピタリティを「道徳や倫理を根底にした人の文化行動」と位置づけたうえで，他者理解と配慮の行動の検証を試みたい。道徳や倫理は，暴力や殺戮，差別や偏見にとらわれる人間の姿をみすえるなかで追求されてきた。

　ホスピタリティとは，他者理解と配慮が行き届いた「もてなし」の心と態度（「関わり合う関係」を構築し維持するための態度表現）で接することである。このホスピタリティにみる普遍性は，隣人（他者）を愛し，隣人（他者）に

手を差し伸べる行為にあるが，私たちは，これを実行する困難を知るものである。

以上を踏まえて，生命の輝きを理不尽に奪われようとする子どもたちを，慈悲の心で救おうとした大高善兵衛の取り組みをみる。善兵衛は，幼若の日に仏教や国学を学んでいる。

5.1 大高善兵衛にみるホスピタリティ

江戸時代（1603開幕〜1868）後期から明治時代（1868〜1912）にかけて，千葉県に大高善兵衛（1822〜1894）という人物がいた。上総国武射郡富田村（現在の山武郡成東町）の旧家・大高家の次男に生まれ，幼名は勇雄，のち善兵衛秀知（秀寿），隠居名は保蔵を名乗る。大高家は当時の十二ヵ町村の名主であり，界隈きっての豪農で醸造家でもあった。「善兵衛」は代々受け継がれてきた名であり，この時の善兵衛は64代にあたる。彼は，「子育て善兵衛」「仏の善兵衛」などと称された。

大高善兵衛について，筆者は大塚喜一弁護士の著書『歴史とともに』（崙書房　1994年）ではじめてその名を知り，関心を抱いた。善兵衛は，貧困や無知から多くの子捨てがおこなわれた時代に，捨てられた子どもたちを養育し，教育や社会福祉，地域振興に功績のあった人物である。善兵衛の行為に，日本の風土や伝統が育んできた善き日本人の姿をみ，小さき存在や弱き者に配慮するホスピタリティを直感した。

善兵衛について，最初，筆者は，ヨーロッパ社会で貴族階級に生まれた人びとのノブレス・オブリージュ（noblesse oblige 1837：高い身分に伴う義務。金持ちや身分の高いものは，そうでない人びとを助けなければならないという考え方）と同様な考えをもって行動した人物と受け止めた。善兵衛の行動から，自分が置かれた社会的地位にふさわしい社会貢献をするとの実行の意志や覚悟のほどが伝わってくる。

5.1.1　子育て善兵衛の誕生

　千葉県の初代県令（県知事）であった柴原 和（しばはらやわら）(1832～1905) は育児対策を熱心にすすめたが，そこには善兵衛の存在とその影響があったとされる。柴原は，三県令（ほかに，兵庫県の神田孝平，滋賀県の松田道之）の一人といわれた開明的な地方官僚であった。その業績に，「育児規則」の制定実施がある。千葉県政第一の急務として，堕胎・間引き（胎児を人工的に流産させること。子下ろし（おろし）ともいう。出産直後の赤子を殺すこと）を禁じた。

　日本人の出生時平均余命（寿命）が 50 歳を超えたのは，第二次大戦後の 1947 年である。戦争や自然災害，貧窮，伝染病，食糧不足といったことがらが寿命に影響することは知られている。江戸時代の乳児死亡率は高かったといわれるが，家族構成上，意図的かつ人工的な調節が図られたことは無視できない。「江戸時代後半の全国人口の普通出生率と普通死亡率は，おそらくともに 30 パーミル（1000分の30）を超え，40 パーミル（1000分の40）に近かったと推測されている。」(1) との報告がある。

　江戸時代の堕胎や間引きを，今日的見地に立った人権感覚や法律的解釈にのっとって悪業（あくごう）とのみ断じることはできない。確かに，生命の芽生え，あるいは生命ある存在を抹殺するのであるから非人道的行為であることは否めないが，これらの行為は，厳しい年貢の取り立てや天候不順からくる飢饉や凶作に見舞われると，農民が人口制限の方法として選択し，特に，東北から関東にかけて悪習となって流行していったものである。

　人口から歴史を解明しようとする上智大学経済学部教授・鬼頭宏氏は，人口制限は真の困窮の結果ではないとみる立場が増えているとして，「むしろ，人口と資源の不均衡がもたらす破局を事前に避けて，一定の生活水準を維持しようとする行動であった」との見方を紹介している。そのうえで「堕胎も間引も幼い命の犠牲の上に，すでに生きている人々の生活を守ろうとする予防的制限であった」(2) と論じている。また，「伝承，聞書，禁令などによっても，前工業化時代の日本で堕胎，間引が慣習化していたことは明らかであ

る」と指摘するように，江戸時代の家族の選択として身分・地域に関わらず，人口調節は広くおこなわれたものであり，明治になったからといってすぐになくなるものではなかった。ちなみに現代でも，日本は中絶に寛容な国とみなされている。

　善兵衛は，父・秀明が42歳で亡くなると，22歳でその跡を継いだ。26歳のころ，間引き対策の会合を開こうと近郷の地主に呼びかけたが，周囲の賛同を得ることはなく，孤軍奮闘することになる。房総での子捨てや間引きの流行は，天明6 (1786)・7 (1787) 年の飢饉のころから続き，依然として県内にはびこっていた。このような時，犠牲になるのは物言えぬ赤子であり，弱い立場の子どもたちであった。

　多くの間引きに対抗するかのように，善兵衛は，自宅門前に「子を捨てる者有らば，ここに捨てよ」といった趣旨の掲示板を立てた。親に遺棄されようとしている子どもたちを，いよいよ引き受ける決意を示したものといえる。

　その結果，善兵衛は一生において約百数十名を育てて世に送り出したといわれる。ということは，善兵衛の自宅前にそれだけ子捨てがあったということになる。いや，それ以上といえるのではなかろうか。なかには，既に息絶えていた子らもいたかもしれない。立て看板をみて，泣く泣く善兵衛の善意にすがった者，これ幸いと門前に捨て置いた者などがいたであろうが，いつの時代も，政治の貧困は弱者を直撃し，人間らしさや尊厳を簡単に放棄せざるをえない状況を作り出す。それと同時に，無責任な親や，子捨てに格別の罪悪感をもたない者がいた事実を示すものではなかろうか。

　そして，子下ろし・子捨ては，恵まれた社会にあっても，理由（望まない子ができた，若いから，年だから，子どもが嫌い，仕事優先など）や形を変えて（私物化する，無視する，暴力を振るう，精神的に虐待する，面倒をみないなど），現在も存在し続けている。

5.1.2 善兵衛の社会活動

　善兵衛は，遺棄された子どもたちを単に引き取ったというだけでなく，育児対策の一環として酪農を奨励し，あるいは，職人養成事業など具体的に，住民・民衆救済といえる社会活動をおこなっている。明治9（1876）年には，常盤牧という牧場を開設している。これは，子育てに乳母を雇うなどしたが，それだけでは乳が不足し限界があることから酪農事業に取り組んだ結果である。

　それを単に，個人が取り組んだ営利事業とみなしてよいのであろうか。いや，善兵衛は，育てた子どもたちに恩返しをさせるためや利用するために営利目的の事業展開を実施したのではない。はじめに事業ありきではなく，恵まれぬ子らに対する人間としての義憤や，恵まれた自己の立場を社会的貢献に用いるという高潔な意志や姿勢があってのことである。これらの行動は，社会的地位のなせる業でも財政的に恵まれた結果でもない。すべてにおいて恵まれていながら，なお，個人的欲望や欲求を満たすために搾取し続け，浪費し続ける人間もいる。

　善兵衛の福祉活動に，自身を突き動かすもととなった「徳」や「憐れみ」の精神を見落とすわけにはいかない。人びとは「子育て善兵衛様」といって善兵衛の徳を称えたというが，彼は，貧困が国の将来を担う子どもたちを圧迫することや，家父長制のなか，嫡子（跡継ぎとなる長男）以外の子どもへの無関心や無価値とみなす態度がはびこることを危惧している。そして，このことが，ひいては老親を邪険にする風潮につながると嘆いている。

　日本は，少子高齢社会の形成が自明である。2015年には4人にひとりが高齢者（65歳以上を指す）と予見されている。その時，老いを疎んじる社会であってはならない。戦後，核家族（両親と結婚していない子で構成する家族）が当然視されるようになり，老いのさまを身近で経験する機会は確実に減少している。バブル崩壊後の現在，企業の破綻や再編成が相次ぎ，社会不安が高まるなど，老親の行く末は決して安泰とはいえない。善兵衛の危惧は，そ

のまま，現代に生きる私たちの危惧と重なる。

　持てる者が持たざる者にどのように，その身および財産を用いるかということは，ヨーロッパ貴族が伝統的に社会に示してきたノブリス・オブリージュの考え方とその行動に一脈通じていよう。昏迷する社会においてなお，社会福祉や奉仕に思考を巡らす善兵衛のような日本人が地方に在していたこと，社会活動を実行に移す行為がひとりの人間の熱意によって取り組まれ推進されていった事実は重い。

　善兵衛の財産は減りこそすれ残ることはなかった。非力の者や社会への適応力が弱かったり後退してしまったりした人びとの社会的救済は，ホスピタリティの理念（「社会から落ちこぼれを出さない」）に叶うものであり，その延長線上に病院や救済施設・機関がある。彼の開拓事業は，単に生活に困窮する人を援助するだけでなく，また，援助と称し彼らを私する意図からでなく，人間の自立を図る方策を伴う計画として実行されたところに人道的対処をみることができる。

　善兵衛の社会活動は，自身の社会性やよき資質を周囲にいかんなく発揮した結果といえる。だが，彼は個人の力の限界も思い知らされる。たとえ，よいことを実行しようとするさいでも，人それぞれの思惑が絡むと賛同を得ることが容易とはいえないのは昔も今も変わらない。

　善兵衛が，家督を弟の信蔵(のぶぞう)（65代大高善兵衛）に譲り，安政5（1858）年に江戸に出たのは，政治的行動に訴える必要に迫られたからにほかならない。みずから著わした『育幼書』を携え，幕府勘定奉行支配所役人・佐々木道太郎に「悪習禁止，救済の法」を建言している。彼の幕府への歎願は，安政5（1858）年，翌6（1859）年12月，万延元（1860）年12月の3回にわたり試みられたが，志を果たすことなく帰郷する。このときの出費が，その後の大高家の破産に影響したといわれる。

　これを，子どもたちを救済するために奔走したひとりの人間が示した無私の行動といわずしてなんといおう。生活が安定せず生きにくい社会状況のな

か，簡単に命が葬り去られることに疑問や義憤を感じた善兵衛の心が尊い。誰もが人間らしく生きることを追求する意志をみるようである。彼は，子どもを，社会の状況や親の考え方次第でどうにでもなる存在とは考えていなかったといえる。今生きている自分たちと同じ命ととらえ，将来を担う国の宝として守り育てる大切さを承知していたおとなのひとりであった。私財をなげうってまで奉仕することは，志なくしてはできないことである。

5.2　行動を突き動かすもの

　大高善兵衛は，明治の一市民である。しかしながら，それだけに終わらないのはすでにみてきた通りである。その行動に対し，篤志家かつ教育者，福祉の担い手との評価がある。幕末の儒学者安井息軒（やすいそっけん）（1799～1876）が，『「育幼書」の後に書す』という一文を発表したことからも善兵衛の名は知られるようになった。社会の実状をみるにつけ，自分の財を持ち出し，棄てられた，あるいは，棄てられようとしている子どもたちを引き受けた行為に慈悲や寛容の精神をみるものである。

　善兵衛は，幼少時は菩提寺である天台宗光明寺に学び，長じては武射郡埴谷村（はにやむら）の代官蕨蘭窓（わらびらんそう）（本名蕨礎左衛門（もとざえもん））に国学を学んでいる。国学（古事記・万葉集などの日本の古典を研究して，日本固有の思想・精神を極めようとする学問）は，日本で学問といえばそれまでの主流であった儒学に対し，江戸中期に国学の四大人とも呼ばれた荷田春満（かだのあずままろ），賀茂真淵（かものまぶち），本居宣長（もとおりのりなが），平田篤胤（ひらたあつたね）らによって確立，発展した。なかでも，平田は房総に来遊しており，善兵衛の父親はその影響を受けたといわれている。善兵衛の父自身，文人でありすぐれた農業経営者であった。

　善兵衛は仏教思想や国学を学んだが，それには父の存在が無視できない。人生の初期に何を学び身につけるかは一大事である。そこに，将来の自己を決定する出会いが潜んでいるといっても過言ではあるまい。とはいえ，大方は与えられた家庭環境や学習機会を生かす道を選ぶことになる。彼は，学問

するなかからも慈悲や愛国の精神を育み，その後の奇特な行動に結実させていったのであろう。教育がものや出来事について教えることに終始するのでは，学問を学んでもそれを生かす気概が育つわけではなかろう。

　善兵衛にとって，学問は机上で終わるものではなく，自身の血肉となり行動の原動力そのものであった。そこには，常に父親の姿があったといえる。啓蒙書を執筆し直訴におよぶ行動力は，当時の行動する教養人の姿を彷彿とさせる。

　善兵衛の行為は，大高家の財力がそれらを推し進める力となったことは事実だが，一方，善兵衛自身に限らず，雨露をしのぐことさえできずに困っている人に軒下を貸す親切心や，喜捨や布施の心を日常の生活行動に示すことは素朴な信仰や互助の精神として日本人が育んできたものであり，知恵といえるものであった。

　西洋のことわざに，"Experience without learning is better than learning without experience."（「学問なき経験は経験なき学問にまさる」）というが，伝承文化や伝統的実践行動，また筆者の提唱する魅力行動学（「さまざまな出会いを通して自己形成と人間関係を求める行動の学」）の観点など人間学に基づいた経験の重みを見直したい。

　柳田國男（1875〜1962）や折口信夫（1887〜1953）に代表される民俗学研究は，その分野で多くの業績を残している。机上の論理だけでは，人の心を育てる試みの必要十分条件にはなりえず，ホスピタリティの精神の涵養と行為の推進は，具体的な行動実践なくして身につくものではないであろう。教育は，体験学習や集団行動の経験を軽視することなく，人間行動を知る機会を作り，自他の関係を知る貴重な機会として活用したい。

　疲弊し寄る辺のない子どもたちを迎え入れ，充足と希望を与えて，社会に送り出す善兵衛の行為は，ホスピタリティの一面を具現化している。彼は，地域のリーダーとしての自覚もことさら深く，農民に対し善政をおこなった。ホスピタリティの行為と精神は，循環的・相互的に関係し合っており，

それを実行する者の命を輝かしている。

5.3 引き受けと持ち出しの行為

　日本人がおこなうホスピタリティは，英語では「ジャパニーズ・ホスピタリティ」(Japanese Hospitality：日本式・日本的・日本流ホスピタリティ）となる。それは，日本的風土や文化に基づくもてなしの行為となる。

　たとえば，四国遍路の歴史にみるように，各所を巡る「お遍路さん」と呼ばれる名も知らぬ人びとに対し，彼らをもてなす家々や人の行為（お接待）は日本的ホスピタリティとして私たちの腑に落ちるであろう。それは信仰を達成するために巡礼する人たちに，土地の者にとっては見知らぬ余所者であるが，昔から，彼らに米や一夜の宿を提供する態度が当然のこととして実行されてきた。そこには，相手に対し「してやった」という見下す態度ではなく「そうさせていただく」という謙虚な態度がある。また，受けた側にも，「してもらった」と自己卑下するのでなく「そうしていただく」ことに感謝する姿がある。

　それは，互いに合掌し合い，他者に援助（善意や厚意）を差し伸べたり受け止めたりする態度として昔から引き継がれてきた慣習というだけでなく，「お互い様」という胸の底から自然にわき上がる他者への配慮や天を恐れる素朴な態度，そしてまた，信仰の道をたどる人びとへの敬意があってのことといえる。遍路とそれを接待する風習は，日本各地に点在する。

　善兵衛の在所でも，遍路や地域外からくる旅人（土地の人にとっての異邦人）をもてなす意志は発揮されている。そういったもてなしとは別に，経済的（飢饉や重い納税等）・個人的（貧困や子沢山等）事由で子下ろしや子捨てがまかり通る殺伐たる社会状況をみるにつけ，「止むに止まれぬ」気持ちになった善兵衛の行為は顕彰に値する。いつの時代も経済的・精神的貧困の犠牲者は子どもであり，子どもが最初に切り捨てられる。彼の寛容と自己犠牲の精神は，子どもたちを救済する「引き受けと持ち出しの行為」として，社

会性を帯びた人間行動へと発展している。

　「引き受けと持ち出しの行為」は，祭りの諸役を想像するとわかりやすい。祭りを成立させるためには，諸役を引き受ける人が必要となる。引き受けた人は，引き受けた以上，物品・金銭の持ち出しがそうでない人に比して余分にあることを覚悟するであろう。祭りの目的を達成するには人や物の流れを采配しなければならない。なんにせよ，場を成立させるには，人の集散合を受け入れ，とりまとめ，進行を務める役割が不可欠であり，それは，しばしば犠牲的精神のうえに成り立つ。「引き受けと持ち出しの行為」は，帰属意識，愛情や責任感なくしてはできないことである。

　ホスピタリティは，本来的に見返りを求めるものではなく，善兵衛の子どもたちへの献身は，倫理や道徳に裏付けられた行動といえる。仏教思想や国学を学ぶなかで育まれた道徳や倫理観は，善兵衛にとって決して無視できるものではなかったに違いない。寺子屋教育の浸透は日本が世界に誇るものであるが，「読み書きそろばん」に象徴される実利的学習のみならず，肌身に沁みる教育（躾・薫習）を実践した教育者や宗教者の存在は，特別とはいわずあったものである。

　教育が，目にみえ，手にとってわかる現象についてだけを教授の対象とすると考えるのは不足であろう。自己と自他の関係を豊かにする点からも，目にみえない存在への敬意や畏怖の念を育むことは人間にとって重要な課題となってくる。端的にいえば，今日のように宗教教育のあり方や導入を論議することを避けていては，人間の精神を涵養する教育的接近において必要十分とはいえないのではなかろうか。他者理解と配慮を思考し実行するさいに，人間の知恵だけを拠り所とするのでは，到底，足りないと思われる。ここでいう目にみえないものとは，悪意や悪の象徴として一般的に私たちが思い浮かべる存在は省く。

　大高善兵衛の実弟である平山仁兵衛（1827〜1889）も，彼の影響を受けて，貧しい子どもたちの養育に携わっているとの報告がある。このような活動に

対して，経済的援助をおこなう篤志家も出てき，元治元（1864）年の『陰徳連名帳』（八日市場市富谷の平山家蔵）には，仁兵衛に寄付をした人びとの名前が記帳されている。標題にある「陰徳」は，日本人が善行を積むさいの思想・信条の背景にある（あった）といえるものであり，現代においても過去の遺物としてはならないものである。近年，学校教育にボランティア活動が導入されているが，内容を吟味したうえで他者に関わる行動実態を評価の対象とするべきであろう。

世界各地にみられるホスピタリティの精神や行為は，文化・習慣・信仰・風土・教育といった諸々の要因の影響を反映している。人は，自己を取り巻く環境の影響を受けつつ人間性や人品を形成し発達させていくわけであるから，自然的・人工的環境のいずれにもいっそうの配慮が望ましいことに異論はないであろう。行為のあるものは普遍性を帯び，あるものは独自性をもつが，人間ならば当たり前の「良心の思想」（真・善・美の追求や知・情・意の健全な発達）を育成することが肝要となる。大高善兵衛の行動は，人間讃歌に通じる行為として理解されよう。

5.4 ホスピタリティを掘り起こす

第二次大戦時の日本人の行動として，中嶋宏子氏はつぎのような報告をしている。[5]

> 今現在も世界各地で民族紛争の悲劇が絶えない。異民族の共存の難しさを見せつけられるのと同時に，人間というのはいとも簡単に「昨日の友は今日の敵」になってしまうものであろうか，という疑問を感じざるを得ない。
>
> 数年前，ある新聞記事に目を引き寄せられた。それは朝鮮から日本に徴用されて東北地方で強制労働をさせられた人々の実体験を記したものである。実体験といっても，過酷な労働状況を訴え日本の戦争責任に言及するようなものではない。場所は東北の過疎地帯で家がポツンと点在する場所であったらしい。
>
> ある夜，三人で逃げてしばらく歩いたところで農家の明かりが見えた。家の戸を開けると夫婦がこちらを見た。驚くでも拒否するでもなく，夜更けにも拘らず奥さんがうどんをこしらえて食べさせてくれた。その晩は布団に入ってぐっすりやすみ，早朝，駅へ向かい汽車に乗り込んで都会にたどり着いた。その間，互いに言葉を交わすこともなく，農家の夫婦も黙々と日ごろと変わりない様子であった。その辺りでは，そのような家が少なくなかったという。
>
> それは決して積極的な行為ではない。後日，ことさら人に語るでもないから美談にもなってはいない。人に語らないのは東北人の寡黙さだと私は思う。戦時下では非国民的行為であるから，もし当局に知られたら一大事であろうが，戦後も語ろうとはしないのである。
>
> 私の身近にも語らない人がいた。それは母方の祖父である。祖父は北海道の東室蘭駅の助役をしていた関係で，戦争中は室蘭の富士製鉄（現新日鉄）運輸部に勤務した。そこには朝鮮から「志願兵」として集められた少年たちが働いていた。その少年たちは宿舎から職場に通勤してお

り，祖父は家の前を通るその少年たちをかわいがった。少年たちは出勤の途中，「先生，お早う！」と祖父を迎えに来て，楽しくおしゃべりしながら賑やかな出勤風景だったようである。戦争中の食糧不足のため昼食が配給制になった。職員には切符が支給されて食堂で食べることができたが少年労働者にはその支給がない。そこで祖父は自分の切符を少年たちに渡して昼食を皆に分けて食べさせた。そのことを祖父は自ら話したことはなかった。私は小学生の時に母から聞いて祖父に一度だけ尋ねたことがあったが，嬉しそうに目を輝かせて遠くを見ながら「みんなで先生，先生って言ってね，カバンを持ってくれた。」と，わずかにそれだけしか語らなかったことを覚えている。青森の片田舎の出身である祖父もやはり寡黙であった。

　ある時，祖父は若いころの外国体験を話してくれた。旧満州に遊びに出かけて行き，二年間ほど金物屋の居候をしていたという話である。その父親つまり曾祖父もふらりと中国に行っては数年間は帰って来ないという人であった。そうした中国での生活体験もあって，祖父は外国人を差別することはなかった。戦前，長男（私の伯父）が中国青島の大学に入学した。学費と月々の仕送りとで家族は貧困生活を余儀なくされ，冬の寒空に石炭を買う余裕すらなくなった。そのころ，玄関先に巨大な石炭の塊が時々置かれるようになる。"犯人"はいまだ不明であるが「鶴の恩返し」であったに違いない。

　戦争は国家としての人間を敵対させもするが，個人としての人間もまたそこに存在するのである。例えば戦時下の外国人婦女子の収容所では，収容所長が「軍人として」みずから楯となり，慰安婦に差し出すことを拒否したり，物資が乏しいなかをちり紙を探し集めて生理用品にしたりと，勇気ある人物が少ないながらもいたのである。その収容所長の裁判では元収容者が証言台に立ち減刑嘆願をしたほどであった。
戦争中，敵対する国民を表立ってかばい立てしたりすることは容易ではな

い。しかしこの報告にあるように，それでも普段どおりに行動する人びとが存在したことがわかる。それこそが，その国や民族の底力を示すものとはいえまいか。

　敵味方といった区別にとらわれず他者に働きかけるホスピタリティは，特定の個人や民族の限定的行為としてではなく，個々人の生活や信仰，文化や信条と重なる人間的行為と理解される。行為のある部分は，自分が生活する環境に影響を受けている。その意味で，人びとの精神の醸成に関与し，行動に影響を与える自然的・社会的空間の存在と働きが大きい。

　ホスピタリティの精神とその行為は，地域文化・習慣・信仰・風土・教育等の要因に影響され育成される人間性や，人品の形成とあいまって生み出され実行されるものである。行為のあるものは普遍性を帯び，あるものは独自性をもつと述べたが，「人間ならば当たり前」といった良心の働きは，タブー（taboo）[6]の概念と連動している部分もある。

　他者を思いやることに根ざした素朴な善行は，人間関係に活力を与え人間讃歌に通じる行為として掘り起こしていきたいことがらである。

5.5　第二・第三の大高善兵衛を生む

　自明のことであるが，人間の心をもった人を育てるところに人間教育の眼目がある。昨今の少年事件や社会風俗の変遷をみるにつけ，宗教的見地に立った教育は真剣に討議されてよい時期を迎えているのではないかとの思いがある。人間を考えるうえで，近代科学の追求は「心（脳）」の解明に向かい，大きな成果をあげた。脳はその脳をもつ人間を支配し，その人の思考や行動表現に影響を与えている。自己のありようは，他者に対しても有形無形の影響を与えるものであることを忘れてはならない。

　今日，善兵衛のような人間を育てることに，教育は貢献しているであろうか。大方の人間にとって，他を利することに徹するなどということは簡単にできることではないであろう。しかし，自利利他（「自他ともにしあわせを求めたり願ったりすること」）の精神に立てば，世の幸せを願い正義を求め，世の為人の為にわが身を用いることに多少でも近づけるのではなかろうか。そのために，家庭・社会・学校・企業教育が担うことは少なくない。他者を自分の視野に入れ，共に泣き，共に喜ぶことのできる他者感覚に富んだ感性豊かな人間を，隣人や社会は必要としている。それがひいては，第二・第三の大高善兵衛を生み出し，他者理解と配慮の精神に基づいたホスピタリティあふれる人間社会を構築することになるといえるのではなかろうか。

　大高善兵衛の行為は，ホスピタリティを福祉の観点からみることを示唆していよう。今後とも，日本人の社会的行為を「ジャパニーズ・ホスピタリティ」の観点から掘り起こし，精神のあり方とともに考察を深めたい。行動を突き動かす動機（心の働き）の重要性に目覚め，心身を善用する意志を育てる人間教育について考察することも課題である。

注
（1）　鬼頭宏『人口から読む日本の歴史』講談社　2000年　183ページ。
（2）　同上書　214ページ。
（3）　前掲書　205ページ。

（4） 農山漁村文化協会編『全国の伝承江戸時代人づくり風土記（12）ふるさとの人と知恵 千葉』組本社　1990年　263ページ。
（5） 「夜明け前の日本―国家のなかの個人―」『魅力行動学通信』第21号　魅力行動学研究所　1999年
（6） タブー（taboo）：（ポリネシア語で，明確にしるしをつける意）①聖・俗，浄・不浄，正常・異常を区別し，両者の接近・接触を回避・禁止し，それを犯した場合には超自然的制裁を受けるとする観念・慣習の総称。特定の人間（王・死者・妊産婦），事物（動植物・鉱物・食物），状態（出産・成人・死），行為（戦闘・狩猟・近親相姦・食事・言葉），日時，方角をめぐるものなどがある。禁忌。②一般に，触れることを禁じられていること（『大辞林』）。

第6章 日本にみるホスピタリティ

───── 雨ニモマケズ ─────

宮沢賢治

雨ニモマケズ	雨にもまけず
風ニモマケズ	風にもまけず
雪ニモ夏ノ暑サニモマケヌ	雪にも夏の暑さにもまけぬ
丈夫ナカラダヲモチ	丈夫なからだをもち
慾ハナク 決シテ瞋ラズ	欲はなく 決して怒らず
イツモシヅカニワラッテヰル	いつもしずかにわらっている
一日ニ玄米四合ト	一日に玄米四合と
味噌ト少シノ野菜ヲタベ	味噌と少しの野菜をたべ
アラユルコトヲ	あらゆることを
ジブンヲカンジョウニ入レズニ	じぶんをかんじょうに入れずに
ヨクミキキシワカリ	よくみききしわかり
ソシテワスレズ	そしてわすれず
野原ノ松ノ林ノ蔭ノ	野原の松の林の蔭の
小サナ萱ブキノ小屋ニヰテ	小さな萱ぶきの小屋にいて
東ニ病気ノコドモアレバ	東に病気のこどもあれば
行ッテ看病シテヤリ	行って看病してやり
西ニツカレタ母アレバ	西につかれた母あれば
行ッテソノ稲ノ束ヲ負ヒ	行ってその稲の束を負い
南ニ死ニソウナ人アレバ	南に死にそうな人あれば
行ッテコハガラナクテモイヽトイヒ	行ってこわがらなくてもいいといい
北ニケンクワヤソショウガアレバ	北にけんかやそしょうがあれば
ツマラナイカラヤメロトイヒ	つまらないからやめろといい
ヒドリノトキハナミダヲナガシ	ひでりのときはなみだをながし
サムサノナツハオロオロアルキ	さむさのなつはオロオロあるき
ミンナニデクノボートヨバレ	みんなにデクノボーとよばれ
ホメラレモセズ	ほめられもせず
クニモサレズ	くにもされず
サウイフモノニ	そういうものに
ワタシハナリタイ	わたしはなりたい

出典:「雨ニモマケズ」『補遺詩篇Ⅱ』

日本で,「ホスピタリティ」(見知らぬ者同士や知遇を得ている者同士の出会いにまつわるもてなしの行為)といえる行為が注目されたのは,いつごろからといえようか。

外交史上からみて,聖徳太子(574～622)が国策上実施した遣隋使(607年の小野妹子（おののいもこ）が有名),遣唐使(630～894),伊達政宗（だてまさむね）(1567～1636)が派遣した支倉常長（はせくらつねなが）(1571～1622)を長とするローマ使節団(1613年渡欧),岩倉具視（いわくらともみ）卿(1825～1883)が特命全権大使の米欧視察団(1871年渡米)などの節目が考えられる。

しかし,人同士の交流は,国家の外交以外,また,国家が統制や規制する以前にも,名も知れぬ漁民や商人といった庶民同士の関係においておこなわれていた。彼らのうちには,みずからの意志で積極的に他(他国・他民族)との交流や交易を求めた者もいれば,漁に出て思いがけず漂流の憂き目に遭い,そこでホスピタリティを受けた者もいる。ジョン・万次郎(中浜万次郎1827～1898)はそのひとりである。史実から,ホスピタリティの存在が人びとの体験知として導き出される。

6.1　20世紀のホスピタリティ元年

昭和39(1964)年4月1日,日本で海外渡航の自由化がはじまった。ひとり年1回,500ドルという持ち出し金額の制限はあったが,これを契機として外交官や商社マンといった限られた人たちだけではなく,市民も気軽に外国に行けるようになった。同年,10月1日に東海道新幹線が開通し,同月10日に東京オリンピックが開催された。

日本は,オリンピック開催国として期待された運営能力を発揮し,大会は成功裏に終わる。名実ともに国際社会や先進諸国の仲間入りをした記念すべき年であり,現代日本のホスピタリティ元年と位置づけられよう。国民は外国や外国人を身近に感じ,市民レベルで外国人との交流が広がるなど国際化時代の幕開けとなった。

平和を標榜し，観光立国としての自覚が次第にでてくるなか，外国からの観光客や賓客へのもてなしに関する研修や学習がおこなわれるようになり，異文化や外国語に対する人びとの関心も増していった。海外への憧れが夢で終わるものでなく実現可能な事柄となっていくにつれ，外国語の習得，特に英語熱が高まった。

　それにともない外国文化やマナーへの関心が深まり，さらには外国人をどのようにもてなすか，外国人とどのようにつきあうかといった国際交流や異文化間コミュニケーションへと視野が拡大する。同様に，観光・余暇産業の分野で異文化理解の必要性やもてなしのあり方，サービス論議が高まり，コミュニケーション能力の開発養成といった実務教育が活発におこなわれるようになった。外交官の必読書となった友田二郎著『エチケットとプロトコール』（国際図書　1964年）がこの年3月に発行されるなど，国際化時代の「もてなし」に関する事柄が広く関心を集めていった。

　戦後（昭和20〔1945〕年8月15日に連合軍に無条件降伏。昭和27〔1952〕年，ポツダム宣言受諾），日本は目覚しい経済復興を遂げ，昭和31（1956）年，経済企画庁は『経済白書』で「もはや戦後ではない」と未来に明るい展望を示した。それから10年足らずのうちに諸外国との往来は活発化を遂げ，市民の間でも「国際化」や「国際社会の一員」ということばが身近に感じられるようになっていった。

　しかし，ホスピタリティが，本当に日本に根づいたかの評価は定まっているとはいえない。ことばのうえで浸透の気配をみせはじめたのは，それから三十余年たった1990年代に入ってからのことである。

6.2　ホスピタリティの日本語表現

　各地域特有の風土と人びとの気質や人情がかもしだすもてなしの様態や，地球上に存する民族の固有の文化を基盤としたもてなしを「○○・ホスピタリティ」ということがある。近年，日本でもこのことばを定着させようとする動きが散見されるようになってきた。日本人の実行するホスピタリティは，ジャパニーズ・ホスピタリティ（日本人のもてなし）だが，これにはどのような特徴があるのであろうか。

　外来語であるhospitalityを日本語で表現する場合，対象や場面によって異なる表現が用いられる。たとえば，宗教的見地からは「慈悲」や「愛」，病人には「看護」や「介護」，老人や障害者の「養護」，子どもには「庇護」や「愛護」，客へは「歓待」や「厚遇」，人権の見地からは「擁護」や「守護」，人事・階級上や捕虜に対しては「待遇」や「処遇」，天皇・君主の「恩賜」，自然の「恵み」などが該当する。

　では，歓待接遇の見地から，ホスピタリティは「引き受けと持ち出しの行為」となるであろう。これは，他者への物心両面にわたる具体的配慮と身体行為としてのホスピタリティをいうものである。

6.2.1　ホスピタリティ運動の広がり

　ホスピタリティは悲惨な状況下でも発揮されている。インターネットで「ホスピタリティ」を検索してみると，固有名詞にホスピタリティを付記したことばに多く出会う。

　「アルバニアン・ホスピタリティ」（Albanian Hospitality）はそのひとつである。これは，「アルバニアの人びとのもてなし」という意味である。比較的新しく耳にするのも道理で，これは，紛争が続くこの地域で戦渦の被害を受けた人びとが，自分も傷つきながら他者（敵とみなすところの人びと）に対して温かい心（人としての心）を忘れることなく，それを具体的な行為で示していることを指して使われている。互いに戦争の犠牲者である市民として，そこには共通のシンパシー（sympathy：同情，思いやり，弔慰，共感など

の意)が介在している。

　平和時に利用されるホスピタリティもある。アメリカ南部地方のもてなしを「サザン・ホスピタリティ」(Southern Hospitality) というが，日本では鹿児島県が「サザン・ホスピタリティ運動」を推進している。鹿児島県がホスピタリティということばを用いた最初は，1992年3月策定の「鹿児島県観光基本計画」に認めることができる。サザン・ホスピタリティ推進事業自体は，1992年度からおこなわれている。

　県観光課によるホームページは1996年10月25日より運用を開始し (http://www.pref.kagoshima.jp/home/e1010209.htm)，サザン・ホスピタリティのことばが広く目に留まる態勢作りを整えている。そこには，つぎの解説が掲載されている。

>　旅先で見る豊かな自然や，街並みなどに加え，旅先で受けた親切なもてなしや旅の思い出をよりよいものにし，「また，ぜひ行きたいな」という気持にさせるものです。
>
>　鹿児島は，豊かな自然，歴史，文化など優れた観光資源に恵まれ，この環境で育まれた県民性も，親切で人情味があると高く評価されています。
>
>　「サザン・ホスピタリティ」とは，この，南国特有の明るい人情味ある心を生かして，観光客を暖かく迎え，親切にもてなそうというものなのです。
>
>　県では，「サザン・ホスピタリティ」運動を進めるため，8月を運動推進月間と定め，ポスターやマスメディアによる意識の啓発や，観光地美化運動を展開しています。

　ここでは，ホスピタリティは観光のキーワードとして用いられ，豊かな風土で育まれる県民気質をホスピタリティあふれるものとして強調している。あわせて，ホスピタリティの実行には，それに取り組む意識の高揚や環境整備が重要との観点が示されている。

　鹿児島県のサザン・ホスピタリティ運動の展開は，観光関係の団体や業界

だけでなく，県民や行政が一体となって啓発や推進をおこなおうとするところに特徴がある。県の観光基本計画によると，「県民自らがゆとりや豊かさを実感できる県民生活を送るため，国内外の旅行の推進に努め，観光を通じて国内外の人々との相互理解や国際感覚の涵養を図る」（第5章）とある。県を訪れる人びとに対するホスピタリティの実践は，自分たちが内外のホスピタリティを経験することによっても深まるとの視点がある。豊かな県民性のアピールは，人同士の関わりに経験豊富な県民を育成することからも達成できるとの意識をみるものである。

2000年7月，沖縄県でサミット（世界の先進諸国首脳による会談）が開催された。ホスピタリティは県をあげてのもてなしのキーワードとなっている。「沖縄の人たちは外からの客を迎えるホスピタリティに富んでいる」（朝日新聞2000年4月28日付）など歴史的にみて，他者を排他的でなく親密な態度でもてなしてきた沖縄の人びとを指して「ホスピタリティに富む」と表現した報道も目についた。

沖縄県民は，外国からの賓客を「歌や踊り，工芸品などで歓迎しようと準備」（同上紙）し，県はサミットを機会に「この気質をアピールしようとしている」（同紙）。こういった取り組みは，飲食や宿泊にホスピタリティという付加価値をつけ，県全体にそのムードを盛り上げ，他者（遠来の客）にもてなしの心をアピールしようとするものである。大きな行事などでは，実際的・直接的にもてなしをおこなう表現主体である一人ひとり以外にも，その場に参加し，その場を構成する総合が示すホスピタリティが重要となる。

6.2.2 思いやりとしてのホスピタリティ

各国・各地域から賓客を迎えるにあたり，もてなしに粗相があってはならないが，「過ぎたるは猶ほ及ばざるがごとし」（論語「先進第11第15章」）という。公的なもてなしに関する経費の使途は，厳しく吟味されるようになってきた。人員の配置や設備投資などの妥当性の論議も，避けてとおれない。これらに対する国民の関心は高まる傾向にある。

もてなしの倫理は，経費の観点からも定められている。米国では，公務員や議員など公人は，20ドル以下の土産やプレゼント以外は受け取ってはならないとされている。もてなしは，心だといわれる。だが，心というみえないものを形に表わそうとすれば，人びとはもてなしの総体に腐心することになる。

　なかでも，一人ひとりがどのような精神をもって行為するかは，ホスピタリティの要点となるものである。ホスピタリティには人間のやさしさや思いやりといった魅力が付加価値として見出せるが，その意味で，対人行動における道徳行為とみなすことができる。

　道徳や倫理は，普遍性と同時に固有性を併せ持つ。それらは，各国・各民族の固有の文化に基づき，人びとの価値観や日常の行動に反映されている。そこには異なる文化の味わいが千差万別に存在し，行為のあるものは定着し伝承されていくなか，さまざまな変遷がみられる。他者に対する愛情や配慮の表現形態に，多種多様な形や方式があるのは当然といえよう。表現や行為の方法にはマニュアル化できない部分があると考えられるのも，同様の理由からである。人情の機微までも画一的に示すことには無理がある。

　鹿児島県や沖縄県は，南国特有の明るい人情味あふれるもてなしを「サザン・ホスピタリティ」と表わし，他県や外国の人びとに印象づけようとしている。これは，経済活性化の観点から政策的にも積極的に推進されているものであり，観光立県としての明確な取り組みといってよいであろう。

　しかし，推進しようとするホスピタリティの精神を理解し，それを主体的表現として実践するのでなければ絵に描いた餅となるであろう。県民一人ひとりの資質向上との関連も無視できないが，果たしてそれは官主導のみでおこなえるものであろうか。

　ホスピタリティの実践には人間教育の視点が不可欠とはいえ，それには知識教育だけでなく感情や感性を豊かにはぐくむ情操教育が欠かせない。徳育は無論のこと，筆者は技育（技術教育）の重要性を指摘したい。

ホスピタリティ・スピリット（ホスピタリティの精神）の涵養を問うことに，その行為をうながす動機の純粋性や崇高性への注目がある。行為や行動に損得勘定を加味するばかりでは働きに真実味を欠き，人同士の信頼をそこなうことになりかねない。

　しかし，たとえば，日常行動で偶然に人に親切にしたことや自分にとってたいした親切ともいえない行為が相手から感謝されたり，あるいは，他人から称賛されたりする経験がある。予期せぬ称賛や感謝を受けて，悪い気がする人はいないであろう。その経験の蓄積によりつぎも同じ行動をとらせることがある。これは学習効果といえるものである。

　また，より積極的意図に基づいて，人に褒められ認められたいから人に親切にする行為もある。要は，それを継続し，習慣化するまで実行するのが大切なのである。そのときはじめて，ホスピタリティが身についたといえるのではなかろうか。

　取り上げた両県以外に，全国の都道府県が歴史的・文化的・行動的角度から県民気質を掘り下げ，人間同士のふれあいを事実の観点から検証することで，日本人のホスピタリティ（ジャパニーズ・ホスピタリティ）が抽出できる。四国遍路の「お接待」は，そのひとつである。それは，民俗学の積み重ねにホスピタリティの視点を導入することで，新たな日本人論へと発展することも期待できよう。

6.3　道徳心の涵養とホスピタリティ

　日本人のホスピタリティに儒教思想が影響を与えているといえる。孔子（B.C.551?～B.C.479）は，人間同士の関係の構築に，すべてを統括した思想として「仁」をおき，他者に礼をもって接することを説いている。五倫（君臣・父子・夫婦・兄弟・朋友）の基本となる道徳を五常（仁・義・礼・智・信）といい，これらは，日本で長く道徳の規範とされていた。

　日本では，忠を忠義として絶対的服従としてとらえる傾向が強くみられた。貝塚茂樹（1904～1986）は，忠について「中国では，一般に他人に対してまごころをもって奉仕することだといわれている」と紹介し，それに恕の精神である「他人を親身に思いやって考える」ことが孔子の道の「仁」の原理だと述べている。

　孔子の弟子の曽子（B.C.506?～B.C.?）は，仁を解釈して「自分の良心に省みて恥ずかしいことをしない」であるや「他人のことをいつも思いやって，他人の身になって考えること」とし，この忠恕を併せ持つのが仁の徳というものであると理解していた（貝塚茂樹『論語』講談社　1964年　87～88ページ）。このような考察に東洋的ホスピタリティの示唆がある。

　人が他者を持て成す行為は，生きている存在のみならず神仏や死者にも向けられる。考古学の研究からは，6万年前のネアンデルタール人が死者に花を手向けたことが判明している。縄文人も例外ではない。古代人が死者や墓に花を置いた（捧げた）行為は，死者を偲び悼むものとしてや，心の痛み，哀しみ，恐れなどの表現との想像をかきたてられる。広い意味でホスピタリティに通じる行為ではなかろうか。

　仏教行事にみる彼岸会は，平安初期から朝廷でおこなわれ，江戸時代から今日まで庶民の年中行事として定着している。これは，死者の霊をとむらうもてなしの行為である。神道では直会といって，神事が終わったあと，神に捧げた神酒や神饌をおろして人びとが食する会を催す。供物や生贄を捧げる儀式は，対象を崇め，恭敬の態度でもてなすうえで重要とされる。

ホスピタリティは，対象をいかに遇するかの人類の歴史的経験といえる。その実行と人の資質とは無関係ではないが，他者へ配慮する行為は訓練や躾によってある程度，形を整えることが可能である。しかしそのさいは，実行の形を伝授するだけではなく配慮や奉仕の心を形成することが大事である。

　人の行為には，条件反射によるものもあれば精神の働きにより発動されるものもある。ホスピタリティは，他者を自己の視野に入れたうえで他に対し働きかける行為として，行為の主体となる人のよき資質の育成や形成が無視できない。相手をおもんぱかる自然な態度やことばの働きは，出会いを生かす精神とともにある。その点で，ホスピタリティは精神と行動を考えるうえで結びつく。

　人としての心をもった人間を育てるところに人間教育の中心的課題が見出せる。ところが，社会では本筋を忘れたかのような事態がしばしば生じる。人は常になにものかにとらわれたり，みずから自己の意識を縛ったりしてそこから逃れられない身の上なのであろうか。それらは，社会の制度，人間関係のしがらみ，慣習や前例などである。筋をとおして生きることを錦の御旗に掲げても，実行は困難として能書きだけで終わるのも，自己の主義主張に拘泥して他を顧みることを忘れるのも人間のすることである。

　また，どのような状況になっても恐縮に感じたり恥じたりしない人がいる。心理学や生理学といった近代科学が追求してきた「心」イコール「脳の解明」の図式にとらわれ，私たちは「心」を即物的にとらえる傾向を知らず識らず強めていったとはいえないだろうか。

　脳は人を支配し，自己の対峙する対象から善悪や正・不正，快・不快，好悪といった印象を得，判断をくだすなど人の行動表現に影響を与えている。その逆は，対峙する対象に与える自己の印象によって相手から反応を引き出すことである。人間の行動は，根底に自己を取り巻く環境因子の働きとその影響を意識下にも無意識下にも受けている。

　どのような行為であれ，自己の価値観に基づく正当性からみて「こうだ」

「こうすべきだ」とすべて断定できるものではないが，視覚・聴覚・味覚・嗅覚・触覚による生理的感覚や情緒，感性，知性や良識といった意識概念からも受け入れ，伝承していきたい行動は確かに存在するであろう。それを人の文化行動が示している。

ホスピタリティは，ときに高度に洗練されたもてなしや，またあるときは小さな親切運動，またあるときは職務上期待される応接処遇のあり方として私たちの行動に取り込まれてきた。

6.4　ホスピタリティと国際交流

日本で，ホスピタリティの語とその概念は，認知されようとしている。新聞等で，「ホスピタリティ」の記事に遭遇する機会も増えた（陳舜臣「沖縄から見たサミット」朝日新聞2000年7月19日付）。「ジャパニーズ・ホスピタリティ」への関心は，国際社会が発展するなかで，今後，ますます高まるであろう。

ホスピタリティは，人間のコミュニケーションの手法として注目すべきものであるが，それは個人の関係にとどまらない。人同士の交流や交際にホスピタリティが表現されるように，国家間・企業間においても，重要な案件となるであろう。

利害が絡む外交やビジネスの現場では，自国（社）の利益を優先するのに妥協のない姿勢がある。しかしそこにもホスピタリティは存在しており，国家（企業）の品格を表わすものとしてみられている。そのため，表現の主体たる個人の文化行動が，社会全体のホスピタリティに影響を及ぼすとの意識が必要となってくる。それには，ホスピタリティ・スピリットの育成が肝要となるが，ホスピタリティが個々の精神に支えられた行動である点からも考えられることである。

ホスピタリティは，それを理解する意識の拡大とともに，より効果的かつ日常的に実行されることが望まれる。大高善兵衛の行為（第5章）にみられ

るように，ホスピタリティは社会的貢献の態度を生む可能性につながると考えられる。その点で，欧米でチャリティやボランティア活動が盛んである理由をホスピタリティの歴史的行為から考察することが必要であり，それについては別の機会に譲りたい。

ホスピタリティは，自己表現や人間性の向上の点から極めて注目される概念や理念をもち，生活全般の行為や，精神に豊かさや温かさを導き出すものとして深化と定着が期待される。ホスピタリティ産業をはじめとする経済活動圏や家庭生活など非経済活動圏で，人同士が触れ合う場面での具体的なもてなしの方法や，行為の質などへの改善や改革を模索したい。

6.5 「定」にみる倫理

6.5.1 「定」

つぎの「定(さだめ)」は，明治政府が民衆政策を示す五札の太政官札の掲示を命じたなかの第一札である。

「定」

1. 人たるもの五倫の道を正しくすへき事
1. 鰥寡孤独，廢疾のものを憫むへき事
1. 人を殺し家を焼き財を盗む等の悪業あるましく事

慶應四年三月

太政官

全体的には「五榜の高札(こうさつ)」(明治元年3月15日)と呼ぶ。ちなみに政治方針である「五か条の御誓文」は3月14日に発令。慶應4(1868)年(同年9月に「明治」に改元)。

「定」のいうところは，つぎのことである。

1. 五倫の道とは，儒教が説く守るべき五つの道。君臣の儀，父子の親，夫婦の別，長幼の序，朋友の信をいう。これらを正しく(正しいこころや行ないをもって)おこなわなければならない。

2. 鰥寡孤独とは,「鰥」が妻のない男,「寡」は夫のない女,「孤独」は親のない子と子のない老人で総じて身寄りのない人。發疾とは,病気にかかること（不治の疾病）。律令制に規定された身体障害者で,残疾（身体に病気・故障ある者。令制に規定）より重く篤疾（廃疾より重い）より軽いもの。そういった人びとを憫れむべきこと。
3. 人を殺し家を焼き財を盗むなどは悪業であり,社会不安や人心不安を呼び起こす行為である。それを禁止する。

また,五札の太政官札とは,つぎをいう。

第一札　儒教の道理を守り,身寄りのない者や病人をあわれみ,殺人,窃盗など犯罪の戒めを命じた内容
第二札　徒党,強訴,逃散の禁止
第三札　キリスト教の禁止と信者の密告
第四札／第五札　外国人に危害を加える事と海外渡航の禁止

以上は,旧幕府と変わらない姿勢の露呈といえる。新政府は長期掲示を命じたが,特に第三札は諸外国の抗議を受け,明治6年2月をもってすべて撤去された。

第一札は,儒教の道理を守り,身寄りのない者や病人をあわれみ,殺人,窃盗など犯罪の戒めを命じた内容である。情報伝達や民衆教育,政府の指示の徹底のために,高札はしばしば利用された。それらは,今日でも,形を変えて生活スローガンや標語として町中でみられるものである。

6.5.2　配慮という知恵

それでは私たち日本人は,このような上からの指導や達示があってはじめて倫理的行動をあらためて見直し,実行する習性が染みついているのであろうか。欧米社会では,聖書の教えが倫理の原理原則として家庭で伝えられ,個人の内なる規範が培養されていったといわれる。今日でも,聖書は世界のベストセラーである。信仰と無関係な人であっても,文学としてや共通の教養基盤としてひも解く人が少なくない。

日本で上記のような書物をあげることは容易であろうか。しかし,「人の道」(人間らしく生きること)を踏み外さない生き方は,はじめに書物ありきの世界ではなく,人びとが生活のなかで模索し伝承されてきたものであろう。人類は太古の昔から生活するうえで,まず生きることを重要課題とし,その方便として人が寄り集まる社会を形成していったのではないか。それにともない制度や契約,法律,階級などが整備されるなか,社会構造が確立し,その輪郭が明確化していった。人間関係や行動への視点はその過程で深められていったものである。立居振舞いや言葉づかい,物の扱い方などの作法を構築し,日常の行動規範として提示された諸々を身につけることが大切な教養となっていったのは,諸外国や他の民族においても変わるものではないであろう。

　表現方法は異なるとはいえ,人間の尊厳を守るための倫理追求の根本に日本(民族)と他の諸国(民族)で変わりがあるであろうか。日本人は,長い間,自分の人生を自由かつ勝手気儘(きまま)に歩んでいいものとは考えず,和を尊重し,それぞれが分に応じた生き方を受け入れてきたといえる。日本は大陸文明の影響を受け,既存の日本文化に取り込み,新たな日本文化として具現化する取り組みがある。倫理観もそのひとつだが,「天下の王道」ということばがあるように,道は万人が歩くことを拒否しておらず,それぞれの立場に応じて歩むべき道を模索することが可能であると考えられた。道を歩むにさいして必要なのが,道標(道しるべ)である。「人の道」も例外ではない。

　武士道や商人道が磨かれていった過程には,哲学とともに美学があった。道は,本来,万人が歩む場所である。老若男女(ろうにゃくなんにょ)や身分に関わりなく,日本には「お天道(てんとう)さまに顔向けできないことをするな」という倫理が「人の道」として見出せる。四知(「天知る・地知る・君知る・我知る」のこと。『後選書楊震伝』)の概念も,道徳的影響を与えていよう。どのような立場にあっても,人に配慮する行動,すなわち迷惑行動をつつしむことは,人の道にあるべき行動として日本人が常に言い聞かせられてきたものである。日本研究で知ら

れるルース・ベネディクト（Ruth F. Benedict 1887～1948）は，それを「恥の文化」として分析している（『菊と刀』社会思想社　1967年）。

6.5.3　つつしみの態度

江戸の町衆の間では，他者に配慮することが粋な行動（江戸しぐさ）として実践されていた。それを知らなかったり反したりするものは「野暮」といわれ，ときに軽蔑された。それらはたとえば，雨の日にすれ違いざまに傘を互いによけ合うことであったり，言動のうえでは相手の正面を避けること（無用の争いを避ける）などであったりする。こういった動作や態度は日常の行為にごく自然に取り込まれていった。これらは，先輩（先に生まれたもの）が後輩（後から生まれたもの）に伝えるべき生活の知恵とされた。

國學院大學教授の中西正幸博士（神道学）によると，神宮（伊勢神宮）の正殿に向かう形で立つ蕃塀を守っていたのは傭兵である。歴史的にみて，祭りはそういった余所者や異人を取り込んでおこなわれるものであり，余所者に対する排他性は本来みられないという。とはいえ，今日に至るまで，社会には不自由や不幸を託つ人たちへの差別（的）待遇が歴然とあるのは紛れもない事実である。その一方で，祭りや無礼講の場では上下・貴賤の区別なく交流する機会が設けられており，異人を取り込んでもてなす行為があった。

昭和30年代，すなわち日本経済の高度成長期以前は，日本人の生活に神仏の教えとその影響は数多くみられた。たとえば，物にも人の好意にも感謝して合掌する姿や道路の真ん中は遠慮して歩くなどである。神道では，道の中央を「正中」とし，神の通り道と認識する。一般にも，そこは神のお通りになるところとの心得があった。しかも神は，いつお出ましになるかわからないとの配慮や遠慮があり，常に道路の右端を歩くようしつけられた。横並びに広がって歩くことや蛇行しながら歩くことは不作法とされた。公道を占領するかのように並んで歩く姿に眉をひそめるのは，このような意識が廃れていないからだといえる。

日々の行動に，人のみならず神仏など目にみえない対象を含めて敬愛や恭

敬を示すつつしみの行動が日常的にあった時代からすると，現代のようにそういった基盤が崩れさったかのような時代にこそホスピタリティについて考えたい。

　ホスピタリティに思いを巡らすとき，日本のよき風習や行動を掘り起こし，そこに日本的風土や気質に根ざしたホスピタリティ（他者理解と配慮の行為）の美学を見出すことが肝要である。常に他者を意識下に入れて行動することは，日本人が狭い国土のなかで培ってきた素晴らしい感性であり知恵の表われといえるであろう。

　民俗学や文化人類学で指摘されるように，人の行為に，ムラ社会の排他性や地域・階級性に帰する綺麗事では済まないどろどろした一面があることは否定しないが，先述の「定」にみるように，政府主導とはいえ，恵まれない人びとへ配慮することが民を善導する意志として高札に示された。民衆教育の一翼を担う意図のもとに，政府が人びとを啓蒙した一例といえよう。

　高札は，封建社会では情報の周知徹底の手段として用いられたが，制度の運用と人心の統制というだけでなく，よりよい社会を創生し維持する方策としてもみのがせない。このような姿勢は，街中のスローガンやポスターにみるように，今日までに引き継がれているものである。

6.5.4 人と人との触れ合いがはぐくむもの

日本は平安時代以後，急速に交通が発達し，人びとの旅への関心も高まっていった。それには，風光明媚な各地の自然もあずかったであろう。流浪の琵琶法師の語りを耳にし，旅日記や物語を目にし朗読したことで，旅への関心や憧れはいやがうえにも増していったと考えられる。行動半径が広がると，人・物・金・文化の往来が活発になっていく。それにともなう情報の量や質，意味などに，情報の重要性に気づいた為政者や有力者のみる目は変化していった。

それは情報収集・整理・加工・管理・伝達の手法が確立していくにつれ，旅はさまざまな意味や意図をもつようになっていった。個人の気ままな観光や見聞旅行に限らず，任務を帯びた旅や任官・都落ち・流罪・芸能の旅など旅する背景にはいつの時代にも人間の喜怒哀楽がある。

人びとの往来が導き出す出会いは，浮世の人間の姿を教えてくれる。土地の慣習や風習，信仰を発露とする他者への関わり方には人間の有情も非情も見出せる。だが，「旅は道連れ，世は情け」のことばにもあるように，見知らぬ人であっても困難に遭遇している人へ差し伸べる助けには胸の底から自然にわきあがる他者への配慮や，天を恐れる素朴な態度がある。

6.6 架空と事実によるホスピタリティ

日本の神話や伝説，逸話，演劇にも，多種多様な日本的ホスピタリティの行為をみることができる。

6.6.1 鉢木

能の演目「鉢木（はちのき）」（能の一。4番目物）をみてみよう。

所領を失い貧苦のどん底にある佐野源衛門常世（さのげんえもんとこよ）が，雪の夜，旅僧に身をやつした北条時頼に宿を所望され，家に泊める。薪もないなか，秘蔵の梅・桜・松の鉢植えを切り，火を焚（た）いてもてなしながら，時頼とは知らないまま，常世は「いざ鎌倉」の覚悟を語る。

第6章 日本にみるホスピタリティ 143

後日，その日が到来し，錆（さび）た武具（この点が武士らしくないとされるが，そのくらい困窮していたと解釈することもできる）をつけ出仕した面前で，常世はかつて我が家でもてなした客人に再会する。客人は鎌倉幕府の執権で，北条氏の独裁制をほぼ確立したとされる北条時頼その人であり，常世はその誠実さを評価され，本領を安堵（あんど）（中世・近世に，土地の所有権・知行権などを将軍や領主が承認すること）される。

　これは，封建支配下の主従関係を語る演目として今日まで上演され続けている。日本人が好み喝采する物語の登場人物は，なけなしの金（物品）を他者のためにはたくという態度の持ち主や，義理や忠誠心に厚くうそがない人物である。また，判官贔屓（ほうがんびいき）ということばがあるように，どちらかといえば弱い立場の者を応援する気質がある。

　贔屓の対象として有名なのは源氏の九郎義経であり，歌舞伎の「忠臣蔵」でおなじみの大石蔵之助（歌舞伎では，由良之助）である。「忠臣蔵」にみるような，我慢に我慢を重ねたうえで最後に気持ちを爆発させる行動（相手に反撃する行動）は，諸外国が恐れる日本人の気質とされるが，ここでは触れない。

　「鉢木」は創作作品であるが，日本的もてなしの行為として私たちの腑に落ちるものといえよう。「鉢木」は，主人である武士が，相手がみすぼらしい様子の旅僧であったにもかかわらず，秘蔵の盆栽を焚いてもてなす。演出上，そのほうが効果的との計算があるにせよ，観劇者は，みすぼらしい姿の旅人を，誠意をもってもてなす主人にひかれる。日本には判官贔屓の文化があると述べたが，それは，「弱い者」「虐げられた者」「貶められた者」への共感以外のなにものでもないであろう。そこに「ぼろをまとっていても心は錦」「貧すれど貪せず」の清廉な姿をたたえる精神風土がある（あった）ことも無縁ではない。

　蒙古襲来のとき執権であった北条時宗（1251～1284）の父である時頼（1227～1263）は，出家後，諸国を遍歴し，治政民情を視察したと伝えられ

る。ふたりとも禅宗に篤く帰依したことでも知られる。

6.6.2 宮本武蔵

　吉川英治（1892〜1962）作『宮本武蔵』を取り上げる。宮本武蔵（1584〜1645）は実在の人物で，剣豪というだけでなく書家や彫刻家としても知られる。修行で秩父の山中を歩くなか，二刀流に開眼したとされる（宮本武蔵「天の巻」『五輪書』）。

　小説には，吉野という傾城（遊女）が琵琶を弾いて旅の途中の武蔵をもてなすさい，吉野が琵琶を鉈で断ち割る姿が描写されている。敵を常に意識するかのごとく，武蔵が一分の隙もない張り詰めた姿のまま吉野の部屋で過ごす様子に，吉野はつぎのように話しかけている。

　　（前略）強い調子を生む胴の裡には，こうした横木の弛みと緊りとが，程よく加減されてあるのを見て，わたくしは或時，これを人の日常として，沁々，思い當つたことがあつたのでございまする。…そのことを，ふと，今宵のあなたの身上に寄せて考え合わせてみると…ああ，これは危ういお人，張り緊まつているだけで，弛みといっては微塵もない。…もしこういう琵琶があつたとして，それへ撥を當てるとしたら，音の自由とか變化はもとよりなく，無理に弾けば，きつと絃は断れ，胴は裂けてしまうであろうに…，こうわたくしは，失禮ながらあなたのご様子を見て，密かにお案じ申していたわけなのでござりまする（後略）（吉川英治『宮本武蔵』第 3 巻　六興出版部　1957年　198ページ）。

　武蔵は，吉野のことばに耳を傾けている。

　吉川文学から引用した文章からは，吉野が武蔵をもてなすにあたり命を懸けているさまがうかがえる。女性が男性に，あるいは身分違いの傾城が武士に意見するなど生半可にできる時代ではない。それだけに真摯で誠実なもてなしというだけでなく，真剣勝負のもてなしとして印象深い場面である。他者に対し自分が本当に大事にしているものを提供することをいとわない態度が，読者に訴えかける。

6.6.3 眉山

太宰治の「眉山(び ざん)」(1)を取り上げる。

戦後，新宿界隈は飲食店の復興から始まった。眉山とは，その一角にある「若松屋」で働くトシちゃんに密かにつけられた呼び名である。主人公の「僕」は，客をもてなすのに便利だとしてこの店をよく利用している。

> 眉山の年齢は，はたち前後とでもいうようなところで，その風采は，背が低くて色が黒く，顔はひらべったく眼が細く，一つとしていいところが無かったけれども，眉だけは，ほっそりした三日月型で美しく，そのためにもまた，眉山という彼女のあだ名は，ぴったりしている感じであった。けれども，その無智と図々しさと騒がしさには，我慢できないものがあった（626ページ）。

さんざん客たちの笑い者にされ，話のさかなにされた眉山がある日，静岡の田舎に帰ってしまう。腎臓結核におかされ，先は長くないという。

僕や客たちは，眉山のトイレが近いこと，そそっかしいこと，何かとでしゃばること，階段の上り下りが乱暴なこと，ものを知らないことなどありとあらゆることにあきれ，馬鹿にしていた。

しかし，眉山が若松屋にはもういないこと，そして死が近いことを聞いた瞬間，僕の口からでたことばは，「そうですか。……いい子でしたがね」（631ページ）というものである。

眉山のことを僕に話した客はそれに同意し「いまどき，あんないい気性の子は，めったにありませんですよ。私たちのためにも，一生懸命つとめてくれましたからね。私たちが二階に泊って，午前二時でも三時でも眼がさめるとすぐ，下へ行って，トシちゃん，お酒，と言えば，その一ことで，ハイッと返事して，寒いのに，ちっともたいぎがらずにすぐ起きてお酒を持って来てくれましたね。あんな子は，めったにありません」（631ページ）としみじみという。僕は涙がでそうになる。

「眉山」は，昭和23（1948）年3月に『小説新潮』に発表された。太宰治

39歳のときの作品である。眉山ことトシちゃんは，はっきりと，無教養な女性に描かれている。トシちゃんは，自分をよくみせようとして，結局，馬脚をあらわすことばかりしている。だが，客たちに煙たがられ，馬鹿にされているトシちゃんの存在感はどこからくるのであろう。

　トシちゃんは，病気の身の上でありながら，そのことに本人は気づいていない。頻尿で身体がつらいこともあったであろうが，そのことによってトシちゃんの客に尽くす気性は損なわれていない。客に呼ばれたら，何時であろうと「ハイッ」と返事し，「ちっともたいぎがらずに」自分の体を用いるのを厭うものではない。相手主体で滅私ともいえるトシちゃんのやさしさは，根底のところで客に通じている。

　『眉山』を取り上げ論評している竹内整一氏は，「一見ずぼらな，しかし命懸けのサービスを描いた」[2]と指摘している。本編を執筆した太宰の動機はどこにあるのであろう。竹内氏は，その著書で「やさしさ」を解明しようと『眉山』と『饗応夫人』についてふれている。饗応夫人は「どんなに傍若無人にふるまう人にも，病身を顧みず，献身的・自己犠牲的に歓待する教授夫人」[3]である。

　竹内氏は，これらで太宰が語ろうとしたものを「"人間なるもの"が『他の動物と何かまるでちがった貴いものを持っている』ということであり，その証しとしての『底知れぬ優しさ』ということについてであった」と述べている。[4]

　ひとりの作家が主題として追求するものに「やさしさ」があり，「やさしさ」を現代に生きる倫理としてよみがえらそうとする試みがあることは，ホスピタリティの研究にとって無視できない。氏の「太宰治は，『やさしさ』を日本文化の本質として捉え重視しているが，それ以前に，あるいはそれ以上に，太宰にとって『やさしさ』とは，"人間なるもの"の本質，とりわけその尊貴性の証しでもあった」[5]ということばは示唆に富む。人間の尊貴性は希少なるものとして受け止められ，だからこそ，そこにやさしさに対する人

びとの憧れやそれを希求する姿勢が生まれる。

トシちゃんが誰にも打ち明けることなく，身体的苦痛を賭して働いていた姿を思うにつけ，客たちはトシちゃんの心根のやさしさを思い，しみじみとした気持ちになった。

「引き受け」と「持ち出し」の精神は，ときには滅私的行動となり，見返りを求めないだけに他者に限りない感動を与えるものとなる。

6.6.4 振舞いと慈しみ

人間の親切や思いやりを洞察するさいは，歴史をさかのぼって人間行動の事実を検証することが役に立つ。そのひとりとして，古代社会において社会救済事業に尽くし，災害や病気の流行で困窮する人びとに「ふるまい」をした光明皇后（701〜760）をあげたい。

光明皇后は，慈しみあふれる「思し召しのホスピタリティ」を実践した先人といえる。それは，国母としての行為，あるいは，慈母の行為と受け止められる。このような行為は，現代に至るまで皇室の活動として連綿と続いている。現皇室でも，赤十字活動や災害時の被災者訪問・慰労など国民の前に形としてみえるものから，宮中での祭りの行事や国民の身の上に思いを馳せる御製などにみることができる。

目をかけ，声をかけ，手をかけ，心をかけることで示される他者に配慮する態度は，日本人の生活行動に古くから存在している。昔ばなしに残る「○○の恩返し」といった話は，受けたもてなしに感謝する姿を伝承している。一方，そこには，欲深い心が引き起こす悲劇も描かれる。

昔ばなしからも，人間の行為が単純な思考に基づいて展開されるものでないことが明らかだが，余所者や人間と異なる生物との交流が含まれるところにもてなし意識の幅広さがある。

相手の身になって目にみえる「あたたかいこと」や「あたたかいもの」を提供し，目にみえない「安心」や「慈愛」の心を示すなかには，社会生活を送るうえでの「お互いさま」の理念が見出せる。「お気の毒に」「大変です

ね」という思いから発する互助の精神（農耕社会における互助の精神は，水の配分と労働力の提供という形でなされた）が正しく機能する人間社会は，貧しくとも心豊かな振舞いやもてなしに通じる行為の実践が他者からの強制ではなくおこなわれる。その行為を感謝して受け取る心こそがうるわしいのだ。それを，「心に錦」（晴れ晴れとした心）をもった礼や合掌で表現するのが，日本人のホスピタリティの精神ではなかろうか。

　思いやりや慈しみの行為は，追いはぎに襲われた人を助けたサマリア人の行為と同様，いかなる国や民族にも腑に落ちる人間的行為として理解されるものである。相手に見返りを期待しない行為は，戦時下など時局的な社会環境や条件，自己の身体的条件に左右される場合もあれば，身分や学歴に関係なく発揮されることもある。

　しかし，人間の関係に義理や人情がからむと，ときとして好意や善意を発端としても，結果として思わぬ展開を生むことがある。意図的なもてなしもある。「一宿一飯の恩義」を押し付け，相手の心身を，もてなす側の都合で拘束することなどはホスピタリティの落とし穴といえるものであろう。経済的行為がともなうところでは，特に，利害が不当かつ不明瞭な形でからむ間違ったホスピタリティのあり方に注意したい。

　つぎに，茶道の視点からホスピタリティをみる。

6.7　茶道にみるホスピタリティ

　茶道は，400年以上の歴史をもつ日本の総合的伝統文化である。外国から輸入されたホスピタリティの概念に対し，「喫茶去（きっさこ）」「和敬清寂（わけいせいじゃく）」の精神からなる茶道文化を基盤とした日本的ホスピタリティを構築している。茶道のもてなしは，客を「迎える準備」にはじまり，客を「持て成し」，客を「見送る」ことで完結するというだけでなく，前礼や後礼を含めたその前後への対人（客や亭主への）配慮がある。

　招待客は，茶会に先立って招待への感謝と招待を受ける旨の挨拶のために亭主をたずね（前礼），終了後は日をおかずして招かれたことへの謝辞を述べに亭主をたずねる（後礼）。もっとも，今日では，電話やファックス，Eメールという便利な通信機器を利用する人（場合）も少なくない。が，招待状や挨拶状・礼状に，手紙（基本は毛筆）のやり取りが残るのは茶道の世界の文化ならではといえる。

6.7.1　茶道の根本精神

　なんであれ事を進めるにあたっては，「人・物（道具）・金・場・情報」の重要性がいわれている。茶道も例外ではない。お茶に道具はつきものであり，点前する場所が必要なのはだれしも思い付くことである。それが，もてなす場となる。

　茶席でよく目にする「喫茶去」の掛け軸であるが，これには「まあ，お茶でも飲んでいらっしゃい」の意がある。まさに，茶（人）のホスピタリティを言い表わすことばといえる。

　「和敬清寂」の実践について，千坂秀学氏は「和して流れず，敬してへつらわず，清くしていさぎよく，寂にしてやかましゅうせざれ」と示している。(6)

　「喫茶去」と同様，「和敬清寂」も季節を問わず床の間に掛けられる。「和敬清寂」は，利休の「四規」といわれる。「和」は，独立した人格をもった個人としての自覚に立って互いに和し合うことであり，ことさらに騒ぎ立てることなく阿吽（あうん）の呼吸で場における物事が進行するさまをいう。「共生」と

いうことばがあるが，特別に設定された場においてひとときを共に過ごすさいの心得として必要なのが「和」の精神である。

これは，聖徳太子の制定した憲法十七条に「和をもって貴しとし」(7)をみて以来，日本人の根本となる精神文化として受け止められてきたものである。和する対象は人だけではない。道具の取り合わせも含め，自分が身を置く環境すべてに対する調和をいうものである。

「敬」は互いに尊敬し合うことであり，亭主は客の，客は亭主の深い思い入れを感じ取って感謝する姿に，敬し合うことの深まりがある。形だけの尊敬ではなく，まごころがこもるつつしみの態度が人の心を打つ。

千坂氏は「茶道の秘訣は『一心同体』にある」という。それを「客の心になりて亭主せよ　亭主の心になりて客いたせ」のことばで示している。(8)相手の気持ちになりきることや心の内をおもんぱかることによって，つつしみ敬う気持ちに真実がこもる。一言でいえば「思いやり」である。

「清」は清らかという意味で，目に見えない心の内までも指す。日本人は，風土的にも文化的にも「まさやか」（ま清か）であることを貴ぶ美的感性に富むとされるが，生まれながらの清い心で他者と接したいものである。身を清め，場を清め，道具を清める茶道のあり方は，単なる清拭デモンストレーションに終わるものではない。

露地(ろじ)は，まさに清浄にならんとする道筋といわれる。頭を覆う妄想のない世界である。露地の「露」には「あらわにする」の意がある。「地」は，「自分の地」であろうか。「地の我」をどこまであらわにするのか，あるいはできるのか。盛永宗興老師（1925〜1995）の言によると，「『禅茶録』には，露地を称して"人々の心が生まれながらの裸の心に戻っていく場所である"と書かれてある」(9)とある。清き裸の心（うぶな心＝初心）を，折に触れて取り戻すことが大事となる。

「寂」はどんなときでも動じない心をいい，平常心や不動心を自己に確立することをうながす意味がある。茶道の修行は，茶禅一味といわれるように

禅的性格を内包する。この心を得た人こそ，「貴人（きにん）」と呼ばれるにふさわしいといえよう。

「寂」の仏教用語としての意味は「煩悩を離れ，悟りに達すること」である。僧といわず在家であっても修行する意味は，悟りを得ることにあり，それを目標として励む人も少なくない。「寂」はまた，静かなさまを表わすことばであるが，修行の成就を目指す内面はけっして静かとばかりいえるものではないであろう。自分が今あることを感謝してその先をみつめる，すなわち未来をみつめる前向きな姿勢を指すことばと理解されよう。今ある自己とは，自己の生命の最先端を生きている「自分自身」である。

6.7.2 茶道のもてなしにみる配慮

茶席は，茶を点（た）ててもてなす側と，茶を賞味するもてなされる側の両方が醸（かも）しだす緊張と親和のバランスのなかで成立する。「一座建立（いちざこんりゅう）」の空気に満ちていることが，主客が満足する要件となる。茶道は茶席でのもてなしを完結させるしくみをもつとはいえ，点前に終始するものではなく，入退席の前後に至るまで適切な配慮が求められる。主客が共に適切な身体行動を用いて，互いをもてなし合う道程で成り立つ。

もてなしの配慮は，人にのみ向けられるものではない。「木守（きまも）り」という銘で秋の茶席で賞味される菓子からは，自然への配慮を知ることができる。木守りとは，「来年もよく実るようにというまじないで木に取り残しておく果実。（比喩的に）最後に残ったもの」（『広辞苑』）という意味である。昔から，自然と一体感をもって生活してきた日本人は，果実をある特定の人間だけが独占するのではなく，他の人のため，また，鳥や動物のために残しておく生活を送っていたことが見受けられる。茶道はそんな自然観や感性を大切にしている。

民俗学を研究する佐野和子氏から，つぎのような話を紹介された。新宿区立西戸山小学校元校長深澤治氏の朝礼での話である。

　　　昔，先生の子どものころ，ふるさとでは柿の実がたわわに実る秋にな

ると，子どもたちは家の人からこういわれました。『けっして人の背が届く所に実った柿は，全部，取ってはいけないよ。一つか二つは，残すのだよ。その実はな，おなかをすかせて通る人やだれでも，たとえ，この村の人でなくても，食べ物がなくて困っている人のために残しておくのだよ』と。だから，子どもたちは，そのころは，よその家の柿でも自分の家の柿と同じように食べてよかったので，どこでも取って食べたけど，人の手が届くところには，必ず，おいしそうな柿を残しておいたのですよ。知らない人への親切だね。みんなもなにか，きっとできることがあるから，人に親切にしてごらんなさい。

茶祖といわれる村田珠光（じゅこう）（1423～1502）は，「人間平等観」を茶道に取り込んだ。その典型が躙口（にじりぐち）の設計に示されている。天下人と呼ばれた豊臣秀吉（1537～1598一説に1536～1598）も，躙口から同じように頭を低くして茶室に入った。茶室には亭主が心を込めて招いた客（正客（しょうきゃく）と連客），準備した道具，場，時との「出会い」が用意されている。

茶道にみる「もてなし」は，「喫茶去」の精神の徹底実践である。限られたひとときに感謝して，主客が自然体で茶を心ゆくまで味わうその行為に人間学や行動学，審美（美）学の結集がある。茶席では，もてなす側の一方的な行動ではなく，もてなされる側もそれに呼応して行動するのが特徴である。表面的なみせかけのそぶりでは真の「もてなし」を実践したことにならず，「もてなし」を受けた感動もない。

「亭主の粗相は客の粗相。客の粗相は亭主の粗相」というが，両者の思いが共有されるところに「一期一会」（いちごいちえ）が実る。人同士の交流に飲食を介在させる意味は大きい。ホスピタリティの表現に饗応が欠かせないのは，古今東西，同様の発想をみることができる。反応し合うという意味で，互いにもてなし合うところに心の交流と満足が残る。

「もてなし」の最大効果をあげるために最大努力をさりげなく，しかもすみやかに，そして実意（まごころ）を込めて次第とするところに，茶道が実

践する日本人のホスピタリティがあるといえよう。茶道には，茶人のみならず，茶の愛好者もふくめて歴代の人びとが「茶の道」に「人の道」を提唱し，人として恥ずかしくないもてなしに腐心してきた歴史がある。茶の心は茶室のみにあるものではない，とするのもそのひとつである。

客をもてなす心は，利休七則にいう「茶は服のよきように点て」「炭は湯の沸くように置き」「花は野にあるように」「夏は涼しく冬は暖かに」「刻限は早めに」「降らずとも雨の用意」「相客に心せよ」に象徴される。これは，人・道具・自然への配慮を示している。この原則を満たせば，立派な茶人というだけでなく，立派な人格の持ち主といわれるに違いない。しかし，わかっていることとできることは別であることも多い。そこに，自分で満足や納得が得られるまで修行するという道が示されている。

客へのもてなしは，客を「迎える」→「もてなす」→「見送る」流れのなかで完結させる。茶事は，亭主の「喫茶去」の気持ちに呼応する客と主人が共に一座建立するものであり，次第か終了すると，亭主は客を見送り，そのまま同じ場所で独坐観念のひとときにひたる。客は，静かに振り返り亭主の見送りを謝しつつ名残を惜しむ。主客とも，余情残心の余韻を楽しむゆとりのなかに身をおく姿がある。すべてが無言のまま進行するのも特徴的である。

茶席では，客を迎える亭主の配慮が，亭主が設定した主題とともに隅々にみられる。刻限に先立ってすべてを準備する行動は，進行の約束ごとに則っている。主客は物事が自然に進行するよう，互いに阿吽の呼吸で協力し合う。客にも，亭主の心入れを汲み取る力量が必要とされる。それらは亭主振りや客振りに表われる。

もてなしの行為には，相手の必要や要求を汲み取る双方向からの努力と歩み寄りがあることが望ましい。そのためには，普段から，互いに相手の立場に立って考える姿勢を育成することが肝要となる。打てば響く返事は，その実践の第一歩となるものである。呼応する態度は，相手の呼びかけに答えることからも形成される。

もてなす側ともてなされる側の関係は，互いによい刺激や喜びを分け合い，与え合う関係に結ばれることが大切である。和の精神で結びつくよう人間関係を補強するのが，ホスピタリティの精神である。

　茶席という定められた場面では，「次第」を理解することが求められている。同時に，茶の道の実践は茶席に限定されないものであり，「用きの心」，すなわち，みずからの心身を臨機応変に用いて働かせ，さまざまな状況に対応できるようにすることを目指すものである。茶の心を日常に生かすことのできる人こそが，真の茶人と呼ばれるであろう。

　茶道文化が追求し構築してきたもてなしには，みずからの心身を用いる行動実践や他者感覚を大事にする姿勢，自然を取り込み活用する姿が見出せる。これらの点から，茶道は日本的ホスピタリティに多方面から示唆を与える文化遺産をもつといえる。

6.8　ホスピタリティと「心」

　ホスピタリティは行為と認識されることばだが，行為をうながす精神の働きがなければ行為の存在はないであろう。日本人のホスピタリティは，おのずから日本人の精神・意識（大和魂）に感化を受けて実行されるものである。精神は心をいう。心は，辞書には，第一に「人間の体の中にあって，広く精神活動をつかさどるもとになると考えられるもの」（『大辞林』）とある。では，精神活動が不活発であると，行為も不活発なものと成り果ててしまうのであろうか。

　日本人は，人の姿（振舞いや話し方）に，「心根」（心の奥底にあるもの。心底。真情。本性）をみ，行動や人間の関係における「心様」（心のもちよう。気質。気立て。性格），「心支度」（心の準備。心構え），「心得」（技芸・技術などを，習いおぼえて習得していること。たしなみ）の大切さを説いてきた。

　近年，街中や公共の車中での振舞いや，学校での授業態度のなかには，目を覆いたくなるものがある。立場や年齢に相応しい美があり，行動するうえ

で場所や場面を心得る必要があるにも関わらず，それが余りにも隅に置き去りにされている。いつでもどこでも化粧する女性や，場をかまわず飲食したり座り込んだりする人をみるにつけ，他を無視した態度や，公共の場を個室感覚で使う厚かましさと図々しさに無教養といってよい態度を感ぜざるを得ない。

「心魂」(精神。たましい。度胸)を問い，「心化粧」(相手に好感を与えるために心の用意をすること)の精神を身につけた真に美しい日本人でありたいものである。精神文化の豊かさなくしてホスピタリティの行動の美が深まることはないのである。

宮沢賢治
明治29(1896)年花巻で生まれる。盛岡高等農林学校卒業後，花巻農学校の教師として農村子弟の教育にあたり，多くの詩や童話を創作した。30歳で農学校を退職し，独居生活に入る。羅須地人協会を開き，農民講座を開設し，青年たちに農業を指導。その後，二度病に倒れ，昭和8(1933)年9月21日，37歳で永眠。

注
（1） 『太宰治集新潮日本文学35』新潮社　1969年
（2） 竹内整一『日本人は「やさしい」のか―日本精神史入門』筑摩書房　1997年　59ページ。
（3） 同上書　58ページ。
（4） 同上書　59ページ。
（5） 同上書　58ページ。
（6） 『いっぷく拝見　禅のことば・茶のこころ』淡交社　1990年　14ページ。
（7） 「一に曰く，和をもって貴しとし，忤うことなきを宗とせよ。人みな党あり。また達れる者少なし。ここをもって，あるいは君父に順わず。また隣里に違う。しかれども，上和ぎ，下睦びて，事を，論うに諧うときは，事理おのずから通ず。何事か成らざらん」(中村元編『日本の名著2　聖徳太子』中央公論社　1970年　409ページ)。
（8） 同上書　8ページ。
（9） 『禅・空っぽのままに生きる―盛永宗興老師講演録』大法輪閣　2000年　180ページ。

第7章　魅力あるホスピタリティ

　人間—この複雑なる身体機構をもつ生命体は，その思考や行動においてこれまでどのような進化を遂げてきたのであろうか。有史以来，人間の性行（性質と行い）は，あらゆる角度から解明が試みられてきている。近代の精神科学の発達はそのひとつといえる。

　人間の感情にある喜怒哀楽・貪怒愚邪・愛憎嫉妬は，自己作用によって生じるだけでなく，他者との関係や社会の環境要因に誘発されて起こる。これらの感情は表出するしないに関わらず，自己の内面にひそんでいるものといえよう。脳裏に浮かんだ思いが周囲に波及していることもある。

　裏切りや妬み嫉みが渦巻く社会環境は，人間みずから他との関係のなかで創出するものといえる。その結果，人間不信がつのり，他人を信じることができない人がいる。その一方，人間を信じる立場を放棄しない人もいる。

　ホスピタリティは，人が人に関わろうとするさいに善き精神を基盤として発揮される行為であり，自他の関係（人間関係）を有効に機能させる技術が模索されてきたものである。ホスピタリティを，文化行動や善き行為として具体的に認識することは困難ではなかろう。客人や見知らぬ人に対してというだけでなく，家族や友人，病人に対しても有効な行為としてホスピタリティは認知されようとしている。

　だが，他者に対する親切や惻隠の情を，相手の必要かつ望む形で提供することがホスピタリティと理解できても，理解と実行は整合するとばかりはいえない。わかっていることと，それをおこなおうとする心が常に一致するとは限らないのだ。私たちは，自分を捨ててまでも他者の満足や喜びだけを考えて行動できようか。自分（自分の意志や希望）を殺すこと（相手に対して過

度に遠慮したり負担を感じたり，自分が損をすること）をホスピタリティとはいわないであろう。しかしホスピタリティを追求すると，そういった姿のあることがわかる。

すでに第1章で述べたが，目の前でおぼれている人を助けようとみずから海や川に飛び込む人がいる，あるいは，道に迷った人を遠回りして案内する人がいる，また，電車のホームに転落した人を助けようとして思わずホームに飛び降りる人がいる。自分の時間や気持ちだけでなく，ときには自己の命まで犠牲にしかねないこともふくめて，考える前に思わず体が動いてしまう人の行動がある。ホスピタリティを考えることは，人の心や行動について考えることである。

このようなことを踏まえたうえで，ホスピタリティの問題点も含めて具体的な事例から考察してみたい。

7.1 ホスピタリティの問題点

有史以来，人為的にも非人為的にも劣悪な生活環境が存在しなかったことはない。人びとは，それを従容と受け入れてばかりいたわけではないが，いわれのない，あるいは意図的な差別や蔑視に対し，自己主張や反撃の姿勢を常に示してきたわけでもない。アメリカでは1950年代に公民権運動（白人と同等の権利を要求する黒人運動）が起こり，第35代大統領ケネディ（1917～1963）やキング牧師（1929～1968）の暗殺という代償を払うことになったが，公民権法の成立（人種差別撤廃・投票権差別廃止）など一定の成果をあげてきた。

今日に至るまで，個人の尊厳を求める闘いは続く。他者とのよりよい関係構築を模索することは，人間性を磨く思想とも無関係ではなく，徳育との関係が無視できない。ホスピタリティの行為に人間性や倫理への関与が示唆されるなか，ホスピタリティの実行者を育てる人間教育が注目されている。

一般に，私たちが他と関わるさい，好悪，損得，正・不正，善悪，要・不

要といった判断や価値基準，直感に基づく意識的・無意識的決断に導かれるといわれる。そこには，自発的で自立的な行動もあるが，個人や集団の権威や暴力に屈服した結果の行動のほか，他者からの強制や他者への妥協の産物といえる行動がみられる。

行動や態度には，喜んでみずからおこなう，気が進まずいやいやおこなう，計算づく，人におもねる，などがある。理性でわかっていても，見下す感情を抱く相手や嫌悪する人には素直に行動表現したくないこともある。これまでの経験や学習，そして習慣から他の文化を信用しないことや尊敬しない態度もある。人の行動の背景に潜む利害や思惑は，人びとの文化的・経済的行動に反映し，周囲に影響を与えずにはおかない。

「情けは人の為ならず」ということわざがある。これは，他人に情け（親切）をかけることは，結局は（いつかは）自分によい結果（報い）をもたらすとの考え方である。他者感覚を優先した考え方といえよう。だが，人のためより自分を優先することを利己的態度と単純に非難できるであろうか。

物事を一面だけみて判断することは危険である。人への情けや親切に対し，見返りを期待しておこなう行動もあれば，そうとばかりはいえないものもある。複合的視点が肝要となる。

1990年代に入ると，ホスピタリティ産業を中心とした経済的角度からだけでなく，時代そのものをホスピタリティ時代というなどがある（奥住正道『外食産業最前線 ホスピタリティ時代のビジネス』実教出版　1994）。そういった認識とあわせて，ホスピタリティは日常的・非日常的にも有効な人間行動のひとつとして提示したい。

日常的ホスピタリティとは，企業や職場での対人応対であったり，家族同士が互いに遇し合う態度であり，地域社会や学校などにおける隣人や友人同士で有効かつ適切な交流と交友の仕方である。非日常的ホスピタリティとは，戦争や災害で生じた難民の処遇や国家間の外交上の儀礼として実行されるものである。いずれも，ホスピタリティの実行を阻害する要因や問題の所

在を明らかにする必要がある。

　社会生活には利害が絡むことがしばしば派生するが，自己の利益を優先する社会は殺伐とするばかりである。人間らしい気持ちを失わないためにも，他者理解と配慮の思考や想像力の養成が問われる。今後，他と関わるさいの技術論，態度論や魅力行動の観点からホスピタリティの重要性は増すであろう。つぎに事例をあげる。

7.2　新聞記事からホスピタリティを探る
7.2.1　エイズ感染　即　本国送還
読売新聞（2000年5月27日付）の記事は，つぎのように報じている。

　　シンガポールで，エイズに感染している外国人女性9人が国外退去処分を受けたことから，同国のエイズ対策の是非を巡る議論が起きている。当局が，シンガポール人との間に家庭を持つ場合でもエイズに感染していれば本国送還するとの強硬姿勢をとっているからだ。背景には，エイズの広まりが次世代の人材養成を脅かすと見る同国政府の危機感がありそうだが，排外的イメージが強まるのは避けられそうにない。

　　シンガポール政府は今年3月，半年以上滞在予定の15歳以上の外国人に対し，就業許可証などの申請の際にエイズ検査などを受けることを義務づけ，エイズ感染者とわかれば滞在許可を取り消し「不法移民」と認定する法律を施行した。年に一度の許可証申請の際にも検査結果を提出，陽性だった場合は，国外退去を迫られる。

　　この法律によって26日までに19人の外国人女性がエイズとわかり，9人は既に本国に送還された。19人の国籍は，タイ，インドネシア，フィリピン，中国。論議は，これら「不法移民」の中に，シンガポール人と結婚し子供のいる女性が少なくとも4人含まれていることから起きた。

　　主要紙『ストレーツ・タイムズ』には，「エイズ感染さえショックなのに，夫や子供と引き裂かれる二重のショックを与えようとする当局の

理論的根拠とは何なのか」「人間の基本的自由を侵す差別的措置」などと，政府を批判する投書が相次いだ。女性行動研究協会のダナ・ラムテオ会長も「当該家族を傷つけるだけでなく，我々の感覚をもむしばむ」との見解を寄せた。

これに対し同国保健省と入国管理局は24日，連名で，「シンガポール人との結婚は，我が国への居住を直ちに保証するものではない。エイズの蔓延を防ぐには必要な措置だ」などと反論した。

エイズ検査を強制すること自体への疑問の声も出ている。外交団の間には，シンガポール政府の真の狙いは，国民をエイズから守ることよりも，「外国の特定階層がエイズに感染しやすいと見て，こうした階層の流入を阻み国民の人材レベルの低下をふせぐことにある」との見方もある。実際，リー・クアンユー上級相は，人間の資質の80％は遺伝で決まるとの考えの持ち主と言われ，政府は98年，一定の学歴以上の未婚男女の結婚と出産を促すため，男女交際のホームページを開設してもいる。

人口320万人の同国にとって「上質の人材」だけが資源とはいえ，国外退去措置がさらに続けば，排外的なイメージが強まり，外国の投資を呼び込もうとする基本政策が逆に損なわれる可能性もある。

同紙面に掲載された写真（21日。ロイター）のコメントは，「シンガポールで，エイズで死亡した人たちを悼み，ろうそくをともして黙とうをささげる市民」である。

紙面から問題点を整理してみよう。キーワードとして「エイズ」（感染・検査・対策），「外国人女性」，「国外退去」，「強硬姿勢」，「本国送還」，「次世代の人材養成」，「排外的イメージ」，「危機感」，「不法移民」，「基本的自由」，「差別的措置」，「国民の人材レベル」，「人間の資質」，「遺伝」，「一定の学歴」，「上質の人材」があげられる。

歴史を振り返るまでもなく，人類と病気との関係は深い。これまで，病気

と闘い征服し絶滅したものもあるが，新たな病気が出現しないことはなく闘いの連続である。性病や疫病は，人間の行動範囲が拡大するにつれ各地で蔓延している。日本でも若者のあいだで性病が流行している。

　病気にもよるが，近代社会以前には，難病や奇病と断定されたり伝染性の病に罹るなどしたりした人は，社会からの抹殺，隔離，幽閉が当然視されてきた。彼らは，人間としての処遇を拒否されたまま生涯を終えるという悲惨な状況に置かれることもしばしばであった。

　20世紀の聖人マザー・テレサ（1910～1997）のインドでの実践は，誰からも見捨てられようとする病人や路上に放置された人びとの救済と保護に献身する姿として知られる。病人や老人，身寄りのない者，妊婦や寡婦，子どもなど弱い立場にある人びとが社会の落伍者となることのないように目配りし，手を差し伸べることはホスピタリティの原点であった。

　記事は，他国や他人事として無視できるものではない。病気は非常にデリケートな問題をもつものであり，場合によってはきわめて政治的な取扱い事項となる。病気以外にも，晩婚化がすすみ出生率が低下した日本社会で，人間の尊厳や家族の愛に国家が介入することに人びとの意識や感覚がむしばまれるとの懸念が表明される一方，国家には「われわれは国民を守る義務がある」との主張がある。

　では，記事がいうように，国民を守る義務という国家の大義名分の前に，病気（エイズ）に罹った人びとは敗退するしかないのであろうか。国民の人材としての資質を一定レベルに引き上げ国力の高揚を図る政策が，それ以外の人びとに疎外感や苦痛を与えている。「エイズの蔓延を防ぐには必要な措置だ」と反論していることについても，そこには共存の道を探る姿勢はみられない。果たして老若男女が健康のまま生涯を終えることなどありえようか。

　エイズを業病と位置づけ差別し排除することで自国民の健康が維持でき，国の発展を阻害する要因を削除し，問題を解決したかの理解でよいのであろうか。これは，シンガポールだけの問題ではない。

古代エジプトに奴隷として居住した古代イスラエルの民は，神の啓示を得たモーセに引き入れられて約束の地を目指した。脱出にさいしては，一人の落伍者も脱落者もでないように配慮されたと伝えられている。

7.2.2　心と目を大きく開いて生きよう

『読売新聞』（2000年6月28日付）の記事「顔」で，ウィル・グレノン（Will GLENNON）さんの「ランダム・アクツ・オブ・カインドネス」運動の取り組みについて，つぎのように紹介している。

「現代社会はスピードを速め人々は急ぎ足に歩いています。だが同時に，他人との触れ合いを渇望しています」

アメリカ版小さな親切運動といえる「ランダム・アクツ・オブ・カインドネス」（手当たり次第の親切）運動を推進している。全米で830団体が共鳴，広がりの中にいる人は2500万人という。

ロス暴動などにゆれた1992年前後，「ランダム・アクツ・オブ・バイオレンス」（手当たり次第の暴力）に対し，「――・オブ・カインドネス」という言葉が期待を込めて語られ始めた。それを書名とした体験集を出版，200万部のベストセラーになった。

読者の共感の声に押されるように，運動に乗り出した。96年には日本の「小さな親切」運動（代表＝森亘・元東大学長）と手をつなぎ，「世界親切運動」（9ヵ国）の輪を広げている。森代表らとの交流を通じ，ベストセラーの正続を『小さな親切の花束』（サンマーク出版）に再編集して今月，翻訳出版した。

「私自身，いつも親切な生き方をしてきたとは言えません」という。ただ，学生時代の世界貧乏旅行で出会った日本の「おばさん」への感動がずっと心の底にあった。71年，金も体力も尽きた東京で，知人の下宿に転がりこんだ。この時，下宿のおばさんが示してくれた心遣いと笑顔が，30年を経て小さな親切運動を起こす原動力になった。

「アメリカの国民は今，親切の精神に戻ろうとしているのだと信じます」

穏やかな笑顔を見せた。

「親切の精神に戻る」とはどういうことであろうか。親切は深切とも書き，辞書（『日本語大辞典』）には「情が厚く，丁寧なこと・さま。丁寧で行き届いていること・さま」とある。

「小さな親切」運動は，1988年6月13日に本部が発足している。当時，東京大学の学長だった茅誠司氏らの提唱によって生まれたもので，「ちいさな」親切というのがみそである。だれでもいつでもどこでもできる親切から始めようという主旨がわかりやすく，抵抗なく一般社会に迎え入れられたといえよう。

ホスピタリティをこの親切に置き換えるとだれにもわかりやすいであろう。しかし，親切には御為ごかし（人のためにするようにみせて，実は自分の利益をはかること）があるが，ホスピタリティの理念にそれはない。ホスピタリティは人の素朴な心情から発する親切を含むが，他者理解と尊重の精神が発揮される行為であり，自分の生きる道筋において他と共生する理念が見出せる。

しかし，どんなにすばらしい理念であっても，人がそれをみずから受け入れなければ社会で有効に機能することはないであろう。共生のあり方もさまざまであり，他者に強制できるものではないであろうが，すくなくとも他者に対する無視の態度は私たちが改善したいもののひとつではある。

他者を視野に入れて温かくもてなす行為には，人間のぬくもりが感じられる。そのような人間らしさへの回帰を希求する気持ちが科学万能，合理性追求の時代に湧き起こっていることの意味を深く考えたい。

筆者は，「自分から一声」運動を呼びかけている。他者との交流やコミュニケーションを恐怖したり嫌悪したり，また方法がわからないといって嘆いている人びとに，自分の身の回り30センチメートルから始める魅力行動の一環として，自分から一歩を踏み出して相手とふれあうことや相手とことばを交わし合うことを提唱している。

それらは,「ハイオアシス」の実践である。「はい」という素直な返事。「おはようございます」という明るい挨拶。「ありがとうございます」という感謝の心。「失礼します」という謙虚な心。「すみません」という反省の気持ちを声という音声表現に積極的に表わしていくことが人間関係に友情や愛情の橋渡しをすることに貢献する。

昨今,声を出すのは親でも損と考えるような親子関係や上司・同僚・先生との関係が散見される。人間関係を充実させるうえからも,「お先に」「恐れ入ります」と積極的に声を出して自己表現することが有効となる。

7.3 ホスピタリティへの今日的視点

ホスピタリティは歴史的に弱者に配慮する行為である。これは,今日,提示されているポジティブ・アクション（アファーマティブ・アクション）に通じる理念である。ポジティブ・アクションは,日本では,「積極的差別是正措置」,「積極措置」,「積極的差別解消策」,「少数人種や女性への優遇措置」などと訳されている。歴史的・構造的に差別されてきたグループ（人種・民族的マイノリティや女性等）に対して,差別がもたらしている弊害を取り除き,雇用・教育など基本的権利に関する実質的な機会均等を達成するためにとられる積極的措置のことである。しかしながら,これには措置のいきすぎも指摘されるようになってきている。

政治と経済の歪みは真っ先に弱者を直撃すると考えられるが,人間としての尊厳をもって生き抜くための支援がホスピタリティの理念の徹底と実践のあり方に求められている。それはホスピタリティ・ビジネスという場に限ったことではなく,どのような場所においても,人間を人間として視野に入れ人間として処遇することにほかならない。

このようなことは,古来,指摘されてきている。プラトンは「神々や自分の魂の尊敬」「身体に対する,それにふさわしい尊敬」「外国人との契約を神聖なものとみなす」などについて指摘している（法律第5巻,280〜287より）。

近年，社会生活を送るなかで，仕事や人間関係に「正・不正」や「善悪」の道理より損得に基づいた経済効率・効果を追求しがちな態度が見受けられる。ホスピタリティやその拠って立つ倫理的原理（「いかに生きるか」）は，そのような利己的で打算的な思考や行動からは遠いものである。

対象によって変化したり，変節したりすることのない態度からこそ，真の「もてなし」が実践される。人へのもてなしは，相手が「金持ちだから」「社会的地位が高いから」「好ましいタイプだから」といった個人のし好が優先するものであってはならないであろう。また，ホスピタリティにおける自他の関係は強制的で義務的な関係ではなく，人に対するあたたかい配慮から生まれるのが本来的で麗しい。

人間性の涵養とホスピタリティの相関関係は深いものがあると考えられるが，それは素質論に行きつくものではなく，身体を用いる生活技術や規矩（きく）を習得し，具体的に生活行動のなかで実践することから育成できる。人に配慮することは，人間関係における加減や程度を知ることである。他者との関わりを排除したり畏怖するならば，経験による学習が身につかない。

「相手の身になって考える」習慣を身に付けることは，「言うは易く行うは難（かた）し」である。倫理は画一的，統一的といえず，それを受け入れる人，土地（風土），文化によって変容を受けるものであろう。が，特定の人間が特定の地域で守るはずの倫理は特殊的・独自的であると同時に，普遍性の追求が課題である。

国際交流が活発な今日，諸外国から来て日本を通過あるいは滞在する人びとが増えている。それはとりもなおさず，ホスピタリティを発揮する場面が多彩な環境のなかで求められているということになる。たとえば，日本人の出入国や外国からの往来の激しさは，病院を利用する人びとの増加や病気の種類の多様化と結びつく。病院での接し方も，日本人と同様に考えられる部分とそうでない部分への配慮が，よりきめ細かに求められていることに気づく必要がある。

現代社会におけるもてなしのあり方は多様化しており，個別的事情に対応する能力と技術が求められている。食事を例にとると，宗教上の事由からユダヤ教徒のなかには祭司が祈りをささげたコーシャー・フード（kosher food）しか口にしない人がいる。イスラム教徒は豚肉を口にしない。豚のエキスの入ったスープは同様に避ける。ベジタリアンと称される菜食主義の人たちのなかには，根菜しか食べない厳格な菜食主義者（strict vegetarian）から野菜であればよしとする人までさまざまである。

　社会でホスピタリティの理念を有効に生かすには，倫理の観点から民主主義社会に尊重される自由，平等，公正，正義，友愛などを身近に引き寄せることが大切である。自己の快適性だけを追求する短絡的な態度が，社会とそこでの人間関係に不協和音を高める要因のひとつとなっている。そこで，仏教でいう「自利利他」の精神をホスピタリティに反映させることで，ホスピタリティにこれまでと異なる展開が期待できよう。

　18世紀の産業革命以後，工業化，消費化がすすんだ経済産業社会の行き着く先として，世界では，大量生産→大量消費→大量廃棄→大量汚染→大量ストレスの構図が出来上がってしまった。そのような背景から，今日，あらためて人と人との関係，人と自然（地球環境）との関係を見直し，産業活動に結びつけ生かそうとする傾向が出現している。

　戦後，日本は豊かさを求めて突き進み高度経済成長を遂げた。それにともない種々の社会問題が生じている。環境破壊や人間らしい生活の崩壊，心の歪みなどの実態が徐々に明らかになる過程を経て，人びとは利益追求にとどまらず，大所高所の視点に立った経済活動の意義や理念，業態を模索することを再考しはじめている。

　一方，今日，「地球にやさしい」「環境にやさしい」といったことばが頻繁に使われているが，「やさしさ」だけでなく「慎み」が大切なのではあるまいか。超越的原理や人間中心主義を経て，現代思想は倫理や哲学をあらたな観点から模索している。現実には，地球環境の汚染や破壊が進み，暴力とい

う人為的行為も一向に減少していないわけであるから、今後も人間理解とともに環境への配慮がいっそう深められなければならない。人と自然のタテ次元で生じる問題が放置できない状況にあることを、より自覚する必要がある。

このようななかで政治哲学や経済哲学も倫理と連動し、言語行為や身体行動において人と人との関係を再構築する必要がある。ホスピタリティ・ビジネスの現場で働く人びとも、理念の構築とその実行が社会的に注目されていることをよりいっそう自覚する必要があるであろう。

7.4 ホスピタリティの理解と実行

ホスピタリティの概念に古代ギリシアやキリスト教の影響は無視できない。その実行は、対象となる存在に「気づく」こと、適切な行為を「行う」こと、その結果に見返りを「求めない」ことが基本である。

欧米社会では、ホスピタリティはフィランソロピー（philanthropy：博愛・仁慈）やボランティア（volunteer：有志者・自発的な）、チャリティ（charity：慈善・思いやり）の理念と同様、ユダヤ・キリスト教の隣人愛を根底にした人間関係と、理想の社会の構築に有効な理念として認識されている。他者に配慮したもてなしを意味するホスピタリティは、奉仕、献身につながる理念や行為として知られているものである。

ボランティアの語源であるラテン語の volo は「自分の意志で行動する。喜んで何かをする」という意味をもつ。ホスピタリティも同様に、他者への関心と行為を、みずから具体的な意志をもって働きかける姿勢にみるものである。

貨幣制度が確立した社会ではもてなしの対価として貨幣が用いられるようになったが、原点は他国を訪れる旅人や聖地巡礼の旅人をもてなしたことにある。

社会では今後ますます人権意識や平等意識が高まり、よりよい環境への追求を放棄することはないであろう。人間の行為にそれらはみられている。ホ

スピタリティ・ビジネスの現場で，ホスピタリティへの認識と実行への人間的・組織的努力が求められている背景は揺るがないといえる。

ホスピタリティ・ビジネスの基本は，すべての人びとが公平にその提供するサービスを受けることができるということである。ホスピタリティの精神は，サービスを与える側の論理ではなく普遍的倫理観のもと，相手の立場に立って考え実行することを問われているものである。それゆえに差別や偏見の排除の徹底は，基本的理念として心得るべきこととなる。このことを実践する限り，ビジネスとホスピタリティの関係は互いにあいいれないものとはならないであろう。しかし経済活動をともなう諸場面で求められる実践への模索は，今後とも課題をともなう。

ホスピタリティを実践する中心的場としてのホスピタリティ産業は，今後ますます注目をあびるであろう。異文化理解もこれまで以上に進めなくてはならない。外国から輸入されたホスピタリティの語とその概念は，日本でも普遍性のある倫理や理念として認知される一方，今後は日本的風土や文化のなかで変容しつつ，深化と定着に結びついていくものと考えられる。

ホスピタリティは，自己表現や人間性の向上のうえからも極めて注目される。それは，ホスピタリティが人の道を示す倫理や黄金律をもつことと関連しているからである。

諸々の場面における具体的なサービスのあり方やその質などの改善への志向は，ホスピタリティを理解する個々人の意識の醸成と働きがともなって，より効果的に実行されるようになるであろう。

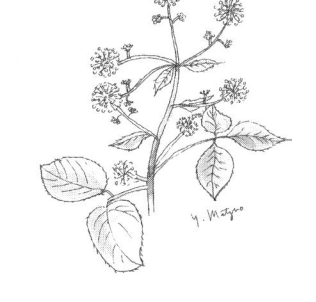

7.5 ホスピタリティとサービス

ここで,「サービス」(service) についてみてみよう。語源は,ラテン語の servus である。派生語である slave (奴隷) や servant (召し使い) からもわかるように,上下関係が明確なのがサービスとそのあり方である。サービスの概念は近代化のなかで定着し,ことばとしてさまざまな分野で使用されている。medical services (医療奉仕) のように,医療・看護の場でも「サービス」はキーワードのひとつとなっている。

だが,サービスチャージとはいっても,ホスピタルチャージとはいわない。

7.5.1 サービスとは

「サービス」には,①国民を対象とした教育,病院,銀行,警察などの利用や兵役などの義務。②他者に対する個人的奉仕,店やホテル,法的機関・社会的 (図書館など) 施設の利用。③政府や会社,個人に雇用されて働くこと。④陸・海・空軍などにおける軍役。⑤その他の意味として,宗教上の祭事,スポーツ用語,飲食サービス,機械や車の修理,交通機関サービスなど (*Longman Dictionary of Contemporary English*, 古閑訳) の意味がある。

『広辞苑』には,①奉仕。②給仕。接待。③物質的生産過程以外で機能する労働。用役。用務。④ (競技用語) サーブ。とある。ついで「サービス業」をみてみると,「日本標準産業分類の大分類の一。旅館・下宿などの宿泊施設貸与業,広告業,自動車修理などの修理業,映画などの興行業,医療・保険業,宗教・教育,法務関係業,その他非営利団体などを含む」とある。

日本で「サービス」のことばを耳にしたり,目にし口にしたりするさい,通常,客からは,「あの店・人はサービスがいい」「いつも買い物しているからサービスしてね」などがあり,応対する側は「この品はサービスしておきます」「それはサービス品です」などといったりしている。サービスは本来の価値を下げる表現として使われることもある。ほかに,顧客の欲求に対して,効率や合理性だけでなく,洗練された物腰や態度などがサービスに含ま

れると考えられている。サービスは，顧客本位が前後となる。

7.5.2 航空会社と看護のホスピタリティ

　私がスチュワーデス訓練生として日本航空に入社したのは，昭和44（1969）年の春のことである。当時，訓練生は，入社時の試験により，国内線スチュワーデス（3ヵ月コース）か国際線スチュワーデス（6ヵ月コース）かに振り分けられた。

　訓練は，教室での座学（航空機や航空全般の知識，貨幣，地理，歴史，文化，出入国管理，マナー，ワイン・食材知識など），演習（英会話，機内サービス，着付け，華道，ウォーキング，緊急脱出や救急看護など），外部実習（ヘアとメイク，茶道，テーブルマナーなど），機内（国内線と国際線）での実地（実践的）訓練（OJT：On the Job Training）からなり，仕上げとして社内試験（筆記と面接）が待っていた。それに合格してはじめて，国内線スチュワーデスや国際線スチュワーデスとしての辞令がおりる。

　私は国際線スチュワーデスとしての訓練を受けたが，ホスピタリティについて最初に学んだのはこのときといえる。接客するものに必要な資質として，3S：Smile, Smartness, Sincerity が強調された。「心からの笑顔，知恵ある行動，誠実な態度」として，今でも大切にしている。

　つぎに，ホスピタリティと関連深い職業であるスチュワーデスと看護師をとりあげる。

(1) 客室乗務員のホスピタリティ

　日本航空の客室乗務員訓練のなかにファースト・エイド（救急看護）があり，西新橋にある東京慈恵会医科大学附属病院の階段教室で人工呼吸法や打撲などの応急処置，簡単な薬の知識について講義を受けた（現在では自社で教育）。地上と異なる環境下に置かれる機上では，飲酒するとアルコールの回りが速いことや，風邪や歯痛が地上の何倍も体調に悪影響をおよぼすことが知られている。

　風邪をひいていたにもかかわらず若さにまかせて乗務し，二度ほど航空性

中耳炎にかかったことがあるが，機体の上昇時と下降時に耳に錐(きり)を差し込まれたような状態になるなどつらいものであった。このことは，体調管理の重要性が身にしみた経験となった。

在職中，乗客から胃薬を所望されるなどはあったが，幸いにも，酸素ボンベが必要といった緊急事態に遭遇することはなかった。機内に搭載されていた薬は一般に使用されている大衆薬だったが，渡すさいには年齢や日本人と外国人かに配慮するなど細心の注意を払い，薬は飲みやすいよう冷水を避けた。

航空会社のサービス

サービスが売り物の航空会社だが，本来の商品は座席である。販売は無制限かつ無秩序におこなわれるわけではなく，場合によっては販売や搭乗を断ることもある。搭乗拒否の規則が適用されるのは，臨月に入った妊婦や法定伝染病患者その他危険（とみなされる）人物である。しかし，手続きを経て搭乗した妊婦がまれに機内で出産（早産）するケースがある。日本航空も，一度，出産の事態に遭遇している。30年以上も前になるが，そのさいのパーサー（女性）は私の訓練所時代の教官であったので，今も印象に残っている。

このような場合，まず，機内アナウンスで医師が搭乗しているかを確認する。たとえ，名乗り出たとしても，運良くその対象者にあった医師とは限らない。また，乗り合わせていないことも当然考慮しなければならない。緊急着陸の可能性がない場合，乗務員は，そのもてる知識と能力，機内に搭載されたあらゆる備品を総動員してことにあたることになる。乗務員の専門知識として出産時の対応まで含まれると聞けば，驚く人もいるであろう。航空会社は，緊急事態発生の事例を世界中から集めてマニュアルの充実や訓練に反映させている。マニュアルは，差し替えの指示に応じて常に最新のものを携帯することになっている。

規則では，航空機全体にかかわる判断や行動の責任は機長が負い，客室は

客室乗務員の長の責任下にある。とはいえ、乗務員一人ひとりに判断力をもって働くことが求められていることはいうまでもない。危機管理能力というが、緊急時の対応能力が高いことはことに重要である。機内という限られた空間で、あるだけの人員および搭載備品を活用し、ことにあたって最善最適の処置が出来るための訓練を乗員に課すのは、航空会社の義務である。すばやく適切な意思決定を下し、行動するためには日ごろの訓練が大切とはいえ、訓練所での訓練には限界があることも事実である。それを補うのがOJT（On the Job Training）である。教育現場でも体験学習の重要性が着目されているが、訓練生にとって、OJT 期間中、機上で遭遇する一つひとつが自分にとって貴重な職務体験となる。

機内で発生する事柄には、訓練生だけでなく正規の乗務員でも対応にてこずるものや苦手意識をもつものがないとはいえない。核家族化が定着し少子化の傾向が強まる生育環境にあって、お年寄りに接したことがない人や本物の乳幼児を抱いたことがない人が増えている。彼らにとってオムツを換えたり泣いている子をあやしたりすることは容易ではない。客室乗務員にはそれも仕事のうちであり、乳幼児から年配者まで応対できる技術や能力を高める努力が欠かせない。

酔っ払いや無理難題をふっかける旅客への対応も身につけたい実務能力のひとつとなる。客室乗務員の基本は、空の旅の「快適性」「安全性」「定時性」に貢献する保安・サービス要員の自覚をもって働くことにある。制約のある環境下で乗客の協力を得られるように心がけるのが大切となる。よいサービスができた、あるいはまた、よいサービスを受けたと、サービスする側と受ける側の両者が感じるとすれば、そこにその行為に対し相互に協力する姿勢や相手を尊重する意識が働いているといえよう。

スチュワーデスの誕生

1903年、ライト兄弟は人類初の動力飛行に成功した。その後の航空業界の目覚しい発達は周知のことである。世界初のスチュワーデスは、1930年5月、

アメリカのボーイング・エア・トランスポート社（現ユナイテッド航空）で生まれた。それに先立つ1922年，KLMオランダ航空がスチュワード（男性の客室乗務員）を採用している。

西洋の執事，日本の茶頭などに代表される接遇奉仕は伝統的に男性の仕事と考えられており，船舶での接客業務も男性が担当していた。航空機は空飛ぶ船とみなされていた点からも女性の職場とは考えられていなかった。ちなみに，「飛行機」は，英語で aircraft, airplane, aeroplane だが，航空業界では ship という言い方が一般的である。

航空および航空機産業は新時代の産業として，すぐに注目に値するものとなった。アメリカでは，ひとりの女性がパイロットを志願して航空会社に応募している。その名は，エレン・チャーチ。看護婦の資格をもつチャレンジ精神旺盛な女性であった。パイロットになる夢はかなわなかったが，新しいサービスと目された客室乗務員に採用された結果，エア・ナース，エア・ガール，エア・ホステスと呼ばれる職業が誕生した。

エレン・チャーチが航空会社への売り込みにあたって看護婦の資格をもっていることを強調したので，その後，数年間，客室乗務員への応募者は看護婦の資格をもっていることが問われた。エア・ナースの名前の由来はここにある。航空産業発展の初期には，プロペラ機に搭乗する乗員乗客とも不安があったろうと思われるが，看護婦の資格は乗客に信頼を与えたのではなかろうか。機内での急病人発生，けがへの対処，激しい揺れによる嘔吐など医療面での手当ても適切に処置できるわけであるから，会社側も乗客への接遇応対，快適性や安全性配慮の観点から看護婦の資格を有効とみなしたといえよう。

1931年２月，日本航空の前身である日本航空輸送が「エア・ガール」として客室乗務員を採用した。アメリカの女性客室乗務員の誕生から９ヵ月遅れのことであった。その後，日本では「スチュワーデス」という名称が定着した。現在では，航空会社によって違いはあるが，正式名称としてフライト・

アテンダントやキャビン・アテンダントなどが採用されている。これらは，性別に関係なく用いられる呼び名である[1]。

しかし，女性客室乗務員を「スチュワーデス」という呼び方は，現在も廃れることなく使われている。

(2) 看護の歴史とホスピタリティ

このことは，看護従事者の名称についてもいえるであろう。

看護従事者の名称

看護師の源流に吉原の遣手婆をあげた塩田広重（東大名誉教授・日本医科大学長）の著書により，看護職へある種の偏見が生まれたことを否定できないとの指摘がある[2]。明治期の病院には，入院患者の世話をする賄婦(まかないふ)と呼ばれる女性，患者の運搬や病室の清掃，寝具取替えなどの雑用をする看護夫と呼ばれる男性がいたほか救助人，看護人，看頭，介補，付添人，看護婦，看病人，付添婦と呼ばれる人たちが働いていた。看護の専門家の名称として「看護婦」が定着するが，看護教育を受ける男性が増えると「看護士」(1968年)の名称が生まれ，その後，「看護師」(2002年)へと統一された。

しかし，前述したように，一般には，長年親しまれてきた「スチュワーデス」と同様，「看護婦」という呼び名も廃れることはないであろう。

日本で近代的様相を整えた病院のはじまりはといえば，明治期の芝高輪の海軍病院や東大附属病院，佐倉順天堂などとともに，貧しい病人を無料診察する施療病院の有志共立東京病院（のちの東京慈恵医院）などがあげられる。新潟県は病院の設立が極めて早く，明治3 (1870) 年の新潟共立病院をはじめ，8 (1875) 年までに八つの病院を設立している。医療事業への取り組みが早いということは，看護への取り組みも早いということになるであろう。

しかし，明治11 (1878) 年の県立新潟病院の「看護人心得」(15条) にあるのは「受持ちの病室や便所は丁寧に掃除せよ」「飲み物は清浄なものを選べ」「夜具や枕が汚れたら洗濯に出せ」「窓の戸などが破損したら司計掛に届け出よ」などの項目（『明治女性史中巻後編』221ページ）であって，看護の専門職

第7章　魅力あるホスピタリティ　175

というには程遠いものであった。

看護の歴史と高木兼寛

日本における看護の歴史を振り返るとき，慈恵会医科大学創立と日本初の看護婦養成の業績をあげた高木兼寛（1848～1920）の存在を忘れることはできない。高木は宮崎県東諸県郡穆佐村（現高岡町）の出身で，はじめ漢方を学び，20歳のときに戊辰戦争役に薩摩藩の医師として従軍している。のちに海軍軍医（1872年）となり，英国に留学（1875年），優等の成績を修めて帰国する（1880年）。脚気の予防法を研究し成果をあげたことでも知られ，南極大陸の岬のひとつに「高木」の名がついている。

高木の生涯を小説仕立てで著した吉村明著『白い航跡』（上・下）から，看護婦養成のくだりをみることにする。この小説は，高木兼寛の伝記といってよいものである。

「イギリスに留学中，セント・トーマス病院で，医学知識を身につけた上に人間性にもすぐれた看護婦たちが男性の医師の手足となっていることに深い感銘をいだき，帰国後もそのことが念頭からはなれなかった」（下134ページ）。高木は，医学の研究と医師の養成機関として成医会を設立し，貧しい病人を無料診察する施療病院の有志共立東京病院を有志の寄付によって発足させたが，そのさい，イギリス同様の看護婦の養成も考えていた。

高木の行動と思いを，作家は「多額の費用がかかるので，とりあえず病院で働く女性に看護教育を受けさせるため，アメリカ人の宣教看護婦ミス・エム・イー・リードを雇い入れ，毎週2回，1時間から1時間半にわたって看護法を教授させた。が，女性たちはリードの講義を理解できず，兼寛は，本格的な教育機関をもうけなければ秀れた看護婦を養成することはできない，と，痛感」（下135ページ）と描いている。

高木が学んだセント・トーマス病院は，イギリス王室や篤志家からの寄付を得ており，金のない貧しい病人も無料で治療を受けることができた。日本にも「赤ひげ先生」のことばに象徴される篤志の医師がいたが，それはあく

まで医師の個人的働きによるものであった。高木は，貧しい病人に対する無料の医療行為がイギリスのほか西欧諸国でおこなわれていることに感銘を受けただけでなく，そこに働く看護婦たちに注目した。

「セント・トーマス病院で働く看護婦たちは，おどろいたことに医学の知識も持っていて，医師の指示にしたがって火傷，ただれ，水泡などの手当てをし，浣腸や包帯の取替えや副木を固定したりする。その動きは俊敏で正確であった。また，手術室にも彼女たちは入って，医師に消毒したメスを渡し，切除した部分の処理にもあたっている」（上239～240ページ）という姿に接し，高木は看護婦が医師たちにとってなくてはならぬ協力者であり尊重されていることを知る。そして，看護婦たちのそういった能力は病院に附属する看護婦学校で教育を受けたからだと考える。

セント・トーマス病院附属看護婦学校は，1860年にフローレンス・ナイチンゲール（Nightingale 1820～1910）によって創設された学校である。

看護とホスピタリティ

ナイチンゲールは，名門出身だが家庭的には不幸で悩み多き人であった。彼女は，自分を生かす道として病人に奉仕することを一生の仕事と定める。当時，イギリスには看護教育機関がなかったため，ドイツのカイゼルスペルトに行き，修道女から看護教育を受けた。

西欧には，昔から教会が病人への奉仕をおこなう伝統がある。それは愛の実践とみなされ，特に，貧しい人，困っている人，助けを必要とする人たちを無視しない，それどころか，彼らに積極的にかかわる行為こそ神の御心にかなうものとされた。ホスピタリティは，本来的には見返りを求めない無償の行為であり，義務の意識をともなって看護の姿勢や病院の理念に反映されてきたものといえる。

1980年代以降，従来使われていたサービス産業に代わり，ホスピタリティ産業という言葉が定着しつつある。医療看護の分野もその一角を占めるものといえる。

ホスピタリティ産業が志向し実現を目指すなかには，差別や偏見の排除，人権尊重の精神，共生社会の構築への貢献といった課題がある。産業界だけでなく生活のあらゆる場面において，人種や宗教，病気などに偏見を持ったり差別したりすることは厳しく断罪される事柄となる。たとえば，言葉づかいの点からは，「あの子はクラスの癌だ」など病名を比喩的に用いる物言いは戒めの対象となる。ことばのすべてに過度に反応する必要はないが，相手を貶めたり苦しめたりする表現には敏感であるべきだ。「めくら」「おし」「つんぼ」「びっこ」なども差別用語である。

　また，相手をおもんぱかる気持ちをことばや態度で表現する能力を磨くことは，グローバルな視点からもすべての人が取り組むべき課題といってよいものである。今日，よりよい人間関係を取り結ぶうえからも，他者が身につけている文化を理解しようとする態度を形成し，コミュニケーション能力を育成することに関心が高まっている。それには，こうした能力や意志の働きが低下しているのではとの懸念を杞憂とはいえない，いわゆる簡単にキレたり引きこもったりする事態が多発していることからもいえよう。

　情報社会の今日では，医療知識や医療看護環境に関する情報は容易に入手可能であり，情報検索も病室にいて簡単にできる時代となっている。医療看護の現場への注目や医療ミス・事故などへの監視がよりいっそう厳しく問われるのは自明のことである。患者としての権利意識を強くもち，その権利を主張する人も増えこそすれ減りはしないであろう。

　ホスピタリティの行為として実行されるもてなしは，対象を差別することなく自分を愛するように愛することが基本である。他者の痛みを自分の痛みとしてとらえる感性や人間としての重みある態度が問われている。他者理解と配慮の行為であるホスピタリティは，その実行にともない相互に良好な関係が生まれると予想されるが，それは，相手の存在に気づき，認め，相手への理解や共感があってこそはじまる関係ではなかろうか。

　「看」には「見て理解する」や「もてなす」の意味があり，他者との積極

的な関わりを奨励する意味をもつ。クリミア戦争が勃発したさい（1854），ナイチンゲールが，ときの陸軍大臣シドニー・ハーバードから看護団を組織して戦地に赴くよう要請されたことが知られる。そこでみせた看護婦たちの献身的な働き，すなわち，看護というもてなしに傷病者たちは感激し，彼女らを「白衣の天使」と呼んだ。

　今日，看護のプロとして「看護の職人」を自称する人がいる。「職人」の響きに，仕事に精進するひたむきさを感じる人は少なくないであろう。仕事をとおして「人間を磨く」という考えは昔からあるものである。なんであれ，仕事に誠実かつ真剣に取り組むことが仕事の質を高め，ひいては人間性を高めることに連動すると理解される。

　（高木）は「病人たちが，温かく世話をしてくれる看護婦たちに，涙をうかべて感謝の言葉を口にするのを何度も眼にした。彼女たちは，病人が死亡すると厳粛な表情で遺体を丁重に扱い，遺族たちに慰めの言葉をかけていた。彼女たちは交代で夜の勤務にもしたがい，それをいとう風も全くみられない。まさに白衣の天使だ」（上242ページ）と，思う。

　その体験を胸に，帰国後の明治16（1883）年，日本で最初の本格的な看護婦養成機関である看護婦教育所を設立したが，高木が看護の理想に自分の母校でもあるセント・トーマス病院で働く看護婦を思い描いたであろうことは容易にうなずけよう。それは，看護婦は「頭脳にすぐれ，しかも品性も豊かな女性でなくてはならぬ」（下138ページ）というもので，今なら「頭脳にすぐれ，しかも品性も豊かな人物」ということになろう。

　当時のことは，「応募者から採用した者もそのまま入所させるのではなく，2・3ヵ月の見習期間をおいて，その間に人間性を観察した後に試験をおこない，それによって適性をそなえていると認めた者のみに入学をゆるすことにした」（下138ページ）とあるように，いかに看護教育に人間性重視の観点があったかがわかる。これこそ，看護知識や技術と共にホスピタリティを実行できる人物を求めていたことの証明ではなかろうか。

奉仕の心とホスピタリティ

聖路加国際病院理事長の日野原重明医師（2002年現在90歳）は，日本航空に浅からぬかかわりをもつ（「人に本あり」読売新聞 2002 年 2 月24日付）。以下記事から紹介する。

1970年3月31日，羽田発福岡行きの日航機「よど号」が過激派グループの赤軍派にハイジャックされ，乗客乗員は80時間以上も狭い機内に拘束監禁されたという事件があった。

日野原医師はそのときの乗客のひとりで，よど号に乗り合わせたことで人生の思わぬ危機を体験した。北朝鮮までのフライト中，犯人側から本や雑誌を貸し出すとの提案があり，ドストエフスキーの『カラマーゾフの兄弟』五冊組みの文庫を手にした。学生時代以来40年ぶりに読み進めていくなか，三兄弟を通して「生とは何か」「信仰とは何か」といったドストエフスキーの問いや思いが学生時代とは比べものにならない意味をもって迫ってきたという。

日野原医師は牧師の家庭に生まれ，聖書に親しむ環境に育ったと推測されるが，作中の「一粒の麦がもし地に落ちて死ななければ，それは一つのままです。しかし，もし死ねば，豊かな実を結びます」（新約聖書「ヨハネの福音書12.4」からの引用）が目に留まり，「これまで懸命に生きてきたのだから，ここで命が終わってもいい」と思うなど死と隣り合わせの時間のなかで，真剣に生を考えていた。

しかし，その後の活躍は世に知られるとおりである。よど号から生還して以来の日々を「与えられた第二の人生」と受け止め，「人のために使う」という姿勢を貫かれている。その姿勢にホスピタリティの実践をみることは，あながち的外れとはいえないであろう。

医療看護は，皮膚の表面というだけでなく口腔内や臓器などのプライベート・ゾーンや精神面と深くかかわる行為である。看護学を修めた学生が職場で出会う人びとのなかには，衣服の着脱や飲食，大小便や呼吸さえも自力で

できない人がいる。看護は，病人や患者を科学的態度で treat（扱う。治療する）し，尊敬をもって人に応対することを意味する行為を指している。それは，患者を「患者様」と呼ぶことだけで解決するものではなかろう。

　すべての人びとは，生きているかぎり，社会で適切に遇される権利をもち，また，遇されるためには義務を果たすことになる。接遇や応対能力を育成することは，豊かな態度表現となって，他者と良好な関係を築くのに貢献するであろう。

7.5.3　輝く命への敬意としてのホスピタリティ

　人はだれでも輝く命，純なる魂をもっていると認識するつつしみある態度は，他者への敬意表現の根本となるものである。目の前の人すべてがおのおの精一杯，今日の日を生きていることを知って配慮できる人間でありたい。

　航空会社や医療看護の世界で，ホスピタリティは謙虚に人と向き合う行為とされ，それには，良識的で気持ちのよいマナーが必要となる。身体表現法を体得することが有効となるほか専門的・一般的知識の習得，生活技術，言語・非言語表現能力を不断に研鑽したい。魅力行動の面からも自己を磨きたい。

注
（1）　日本航空は1996年10月，職務遂行体制を見直し客室乗務員の職位名称を，一般機内業務を遂行するFlight Attendant（AT），国際線客室準先任業務を遂行し一部資格付与者が国内線先任業務を遂行するCabin Coordinator（CD），国際線先任業務を遂行するCabin Supervisor（SU）の三区分とした（JALOG会『日航スチュワーデスOG会会報39』2002年　1ページ）。
（2）　渡辺淳一「遣手婆と看護婦」『歴史読本』昭和45年11月号
（3）　村上信彦『明治女性史　中巻後編』理論社　1972年　221ページ。

終章　魅力行動学とホスピタリティ

　20世紀は科学の発達が目覚しく，生物としてのヒトの解明も驚くべき速さである。ヒトは己(おのれ)に最も関心を抱く生物に違いなく，古来，心の動きや働き，行動や能力といった観点から人間探求の試みに熱心に取り組んできた。感情の動物といわれる人間に対する興味は尽きない一方，人間を解明する道は，依然として悪戦苦闘，試行錯誤の連続といってよいものである。

　筆者の提唱する魅力行動学は，豊かな社会生活を送るうえで役立つ表現の人間学を目指し，全人教育の一隅に位置づけるものである。[1]

　魅力行動学（The Study of Fulfilling and Creative Behavior）は，魅力を資源としてとらえ「さまざまな出会いをとおして魅力的な自己形成と人間関係を求める行動の学」（A study of how human actions and behavior can result in self-awareness and, through interaction with others, rewarding relationships）と定義し，考察を重ねている。

　魅力行動とは「質・量・形・意味において魅力が付与された行動」であり，行動の美学や倫理を探るのみならず魅力行動の実践者たらんことを目指すものである。

　魅力行動学は，各自が自己を向上させ，それぞれの持ち味を最大限に生かして真に魅力的な人間になろうという生き方の行動学として研究に取り組むものである。

　教育の総体として，従来いわれる「徳育・体育・知育」に「技育（技術・技能教育）・食育（食にまつわる教育）」を加えた五育をあげたい。教育に，感性（感受性）や情操を豊かに育んでくれる自然との触れ合いが不可欠なのは，自然が生命の宝庫であり創造の不思議に満ちているからである。魅力の創造に自然は寄与している。ヒトとして生まれ人間として成熟，完成を果た

すためには，人間らしい心を育成することが必須となる。

　先人は，教育の目的の中心課題のひとつに「徳」を身につけることをあげている。経済と政治がなににも増して優先する時代にあって，それは変わらぬ価値をもっているといえようか。2001年にノーベル化学賞を受賞した野依良治博士は，新聞に寄稿して，「20世紀は戦争と競争に象徴されるように，『競争』の時代であった。しかし，21世紀は持続ある文明社会の構築のための『協調』の時代である。そこには地球の枠組みの有限性を科学的にわきまえた倫理が不可欠である。加えて，真っ当な人生観や歴史観に裏打ちされた規範が必要であり，我が国に培われた文化も，国際的に貢献できるであろう。我が国が科学技術創造立国であるとともに，存在感ある文化立国であることを願ってやまない」と述べている（読売新聞2002年2月6日付）。

　「真っ当な人生観や歴史観」「我が国に培われた文化」と聞いて，私たちはなにを思い浮かべ，なにを誇りとするのであろうか。いうまでもなく，人間も地球の枠組みを構成する有機的有限存在のひとつであり，地球社会における共存的生き方を無視すれば自滅的状況をみずから作り出すことになる。知者の立場を堅持したいなら，人間としての尊厳を失うことなく真っ当な生き方を模索するのを放棄できようはずがない。

　教育には体験学習や研修が欠かせない。他者を鏡とし，またあるときは，他に分け入って行動実践を試みることが大切である。五感（視覚，聴覚，嗅覚，味覚，触覚）に直感を加えた全身の感覚をフルに生かし，対象とかかわることを積極的に体験することが肝要となる。

　文化立国の住人は，文化を知りそれを体現できるようでありたい。魅力行動は，ホスピタリティ文化の構築につながる人の行動といえる。

注
（1）「全人」とは「知・情・意を調和してそなえている人」であり，全人教育は「調和ある人格の形成をめざす教育。知育偏重の教育に対して，徳育・体育および情操教育を重んじるもの」（『大辞林』）である。

付録1　身体の創造的行為―見る―

「アイ・コンタクト」（eye contact）ということばは日本でもおなじみのものとなってきた。人が人の顔を見る場合，目への注目があげられる。目は合図を送る器官であり，アメリカの心理学者たちが「目と目の接触」（eye to eye contact）と呼んだ事態が発生する。[(1)]

ところで，日本人は，この「目と目の接触」が不得手であるとの指摘やスマートにできないといった声が少なくない。普段の生活や仕事上で，「人と話すときは，相手の目を見て話しなさい」といわれたことのある人は多いのではなかろうか。

「目と目の接触」は「見る」行為や状態を指すが，辞典（『漢和辞典』三省堂）で「見」を引いてみると，「目で見る」「会う。面会する」「見物する」「読む」「占う」「知る」「試みる」「調べる。観察する」「世話をする」「考える」「わかる」の意味がある。「見る」ことは，「語る」「触れ合う」「わかりあう」などの行為につながるといえる。

「見る」ことはものごとのはじまりを予感させることでもある。この行為を重要視するのは洋の東西を問わない。眼力や眼光ということばがあるように，目がもつ力はあなどれない。対人行動における「見る」行為や態度は，魅力行動としても興味深いテーマとなる。器官としての目というだけでなく，視線行動や精神を映す目への関心がある。目の機能を文化的視点でみると，目を強調し多彩な視線行動を繰り広げる文化もあれば，ときと場合によっては，目を覆うなどして人目を避ける文化もある。

日本には，古来「注目の作法」があるというのが筆者の主張である。日本人の「アイ・コンタクト」の歴史は，『古事記』にさかのぼることができる。「伊邪那岐命詔らしく『然らば，吾と汝と，是の天の御柱を行き廻り逢ひて，みとのまぐはひ為む。』と。如此期りて，乃ち詔らししく『汝は右より廻り逢へ。我は左寄り廻り逢はむ』とのらして，約り竟をへて廻りし時

に，伊邪那美命，先づ言ひしく『あなにやし，えをとこを』といひ，後に，伊邪那岐命言ひしく『あなにやし，えをとめを』と。」

とあるように，そこには，もじもじして相手の目も見られないというすがたはない。イザナギ（古くは，キとも）とイザナミの神は相手を自分の視野に入れ，つぎに互いに「いいおとこだ」「いいおんなだ」と褒め言葉を口にしている。

そのさい，じろじろと不躾な視線を相手に向けたであろうか。おずおずとした眼差しであったであろうか。筆者は，神話から日本の神たちはまっすぐに堂々と相手の目をみたのではないかと想像するのである。またそれは，射るような厳しい眼差しでもないであろう。おおらかな眼差しを想像するのである。なんともすがすがしく感じる。

「注目の作法」は，宗教儀礼の立居振舞いや茶道の主客の礼にみることができる。日本人をアイ・コンタクトの不得手な人びとというならば，まっすぐな眼差しや相手を受け止める眼差しのあり方に変化が生じている（た）ことの意味を考える必要があるであろう。

注

（１）ミケル・デュフレンヌ著／桟憂訳『眼と耳』みすず書房　1995年　1ページ。

付録2　ホスピタリティの実践—ブラインド・ウォーク—
（ワーク・ショップ）

　ワーク・ショップ「ブラインド・ウォーク」（Blind Walk）は，ホスピタリティ・スピリットの涵養やホスピタリティの実践に必要な気づきの感覚を養ううえで役立つ手法として提案している。

　距離感覚に留意しながら「他者理解と配慮の行為」について体験するとともに，自己発見の一助となれば幸いである。実施時間の90分の時間配分は，①ガイダンス 15分，②グループ分け 5分，③実施 30分，④話し合い（振り返り。このとき全員の自己紹介）20分，⑤まとめ 20分，とし，運営はつぎのとおりである。

　1　用意するもの：アイ・マスク（blindfold），スカーフ，メジャー
　2　実施：二人一組で行う
　3　方法:導入と展開，振り返り
(1)　二つのグループに分かれる
　①　グループ1は，自己紹介し合った後，援助者と非援助者に分かれる。
　②　グループ2は，自己紹介し合わないまま，援助者と非援助者に分かれる。
(2)　コミュニケーションのとり方
　①　グループ1は，あらゆるコミュニケーションを駆使することができる。
　②　グループ2は，バーバル・コミュニケーション（または，ノンバーバル・コミュニケーション）のみとする。
(3)　援助のしかた（グループ1・2とも共通）
　①　障害物のないところを歩く。
　②　障害物のあるところを歩く。
(4)　相手に自分をゆだねる
　①　親密（密接）距離 0 cm～45cm

② 固体（個人的）距離45cm～120cm
　　③ 社会（社会的）距離120cm～360cm
　　④ 公衆（公的）距離360cm以上　（Hall（人類学者）『対人距離の研究』）
　(5) グループや役割を交替する
　(6) 全体を振り返り，体験から得たものや未消化のことがらなどについて話し合う
4　まとめ
　(1) 個人・グループ発表
　(2) ワーク・ショップへの提案
　　　　　　　　　　　　　　　　　　　　　　　　　　　　　以上

☆生物には，ほかの生物にある程度接近されると，逃走したり，闘争したりする個体の縄張りがある。E. T. ホール（1966）は，動物の行動にみられるこれらの空間にヒントを得て，人間にも同様な個体の空間があると考えた。ホールは，これらの距離を，
- 親密距離　　　　0～45cm
- 個体距離　　　　45～120cm
- 社会距離　　　　120～360cm
- 公衆距離　　　　360cm以上

の四つに分け，さらにそれぞれを近接相と遠方相に分け，八つの相に細分している。

　親密距離は，身体的接触が容易な距離であり，恋人，夫婦，乳幼児などがこの距離にいることは許せるが，それ以外の人がこの距離に近づくと不快感が伴う。

　個体距離は，一人が手をのばせば相手に届く距離から二人がともに手をのばせば手の届く範囲であり，友人同士の会話ではこの程度の距離がとられる。

　社会距離では，もはや相手との接触は不可能であり，あらたまった席上や

上役に報告を行うときにとられる距離である。

　公衆距離は，個人的なコミュニケーションでなく，講演会や演劇鑑賞のときにとられる距離である。

　このように，状況に応じて，人には適当と感じられる距離があり，この距離が侵害されると不快感を感じる。

　たとえば，ラテン系やアラブ系の文化では個体距離が北米より小さいため，アメリカ人とアラブ人が会話をするときには，それぞれ適当な距離を求めてアメリカ人は相手から離れようと後ろにさがり，アラブ人は相手との距離をつめようとして前に進むため，アメリカ人が壁に張り付いている光景が見られるとホールは述べている。このような空間の利用に関する研究を，ホールは「近接学」（Proxemic）と命名した（http://saido.tripod.co.jp/taijinkyori.html 2003年2月17日）。

初出一覧

序にかえて　書き下ろし。
第1章　書き下ろし。
第2章　「ホスピタリティ試論」『日本ビジネス実務論集 No.16』日本ビジネス実務学会　1998年　加筆。
第3章　「『アナバシス』にみる『もてなし』の一考察」『禮典』第32号　1998年　加筆。
第4章　「ホスピタリティへの視点—『日の名残り』にみる執事の働きから—」『嘉悦女子短期大学研究論集』通巻76号　嘉悦女子短期大学　1999年　加筆。
第5章　書き下ろし。
第6章　書き下ろし。
第7章　「ホスピタリティとマナー　看護の観点から」『魅力行動学通信』第33号　魅力行動学研究所　平成14年5月31日　加筆。

参考文献

小学館ランダムハウス英語大辞典［第2版］1973年
妹尾勇：故事成語ことわざ新解　新塔社　1975年
三省堂編修所編：コンサイス世界年表　三省堂　1976年
中森晶三：能の見どころ　玉川大学出版部　1976年
大高栄一：子育て善兵衛物語　崙書房　1978年
岩波書店編集部編：西洋人名辞典［増補版］岩波書店　1981年
千宗室監修：裏千家，茶道　茶道教育センター　1982年
オクターガ・オブリ編／大塚幸男訳：ナポレオン言行録　岩波文庫　1983年
アト・ド・フリース著／山下主一郎主幹他訳：イメージ・シンボル事典　大修館書店　1984年
荒木峻他編：環境科学辞典　東京化学同人　1985年
国史大辞典編集委員会編：国史大辞典（6）　吉川弘文館　1986年
日本大百科全書（10）　小学館　1986年
世界大百科事典　平凡社　1988年
古閑博美：「女性の社会進出について」嘉悦女子短期大学研究論集　1988年
渋沢栄一著・竹内均解説：孔子　人間，どこまで大きくなれるか　三笠書房　1992年
塩野七生：ローマ人の物語Ⅰ　新潮社　1992年
日外アソシエーツ編：増補改訂西洋人名よみかた辞典　哲学　宗教　文芸　日外アソシエーツ　1992年
渋沢栄一著・竹内均解説：孔子　人間，一生の心得　三笠書房　1993年
遠藤周作編：キリスト教ハンドブック　三省堂　1993年
Holy Bible：*National Bible Press for The Gideons International*, 1993.（森進一他訳：法律第5巻　岩波文庫）
ロングマン現代英英辞典［第三版］
梅棹忠夫他監修：世界歴史大事典［スタンダード版１］教育出版センター　1995年
古閑博美：魅力行動学入門　学文社　1996年
古閑博美：茶道にみる生涯学習に関する一考察　東洋大学大学院修士論文　1997年
はいらいふ研究4号　ハイライフ研究所　1997年
中野孝次：論語の智慧50章　潮出版社　1998年
飯田俊郎：伊藤左千夫と大高善兵衛　残花濃淡堂　1998年
吹野安・石本道明：孔子全書1，3，5，7　明徳出版　1999, 2000, 2001, 2002年
古閑博美：看護のホスピタリティとマナー　鷹書房弓プレス　2001年

著者紹介

古閑 博美

1950年生まれ。東洋大学大学院文学研究科教育学専攻修士課程修了。
現在　嘉悦大学短期大学部助教授。東京都講師。国立教育会館研修講師。
　　　魅力行動学研究所主宰。
専門および関心領域　教育学，ホスピタリティ論，魅力行動学
　　　　　　　　　　プレゼンテーション，インターンシップ
所属学会ほか　魅力行動学会，儀礼文化学会，日本ビジネス実務学会，
　　　　　　　日本仏教教育学会，ホスピタリティの実践研究会
主著　『看護のホスピタリティとマナー』(単)鷹書房弓プレス　2001年，『インターンシップ』(編著)学文社　2001年，『看護とホスピタリティ』(共)ブレーン出版　2000年，『日本語会話表現法とプレゼンテーション』(共)学文社　1999年，『ビジネス実務総論』(共)樹村房　1999年，『ビジネス実務』(共)建帛社　1998年，『魅力行動学入門』(単)学文社　1996年，『ホスピタリティとフィランソロピー』(共)税務経理協会　1994年などがある。

ホスピタリティ概論

2003年4月30日　第一版第一刷発行　　　　　　　◎検印省略

著者　古閑　博美

発行所　株式会社　学文社
発行者　田中千津子

郵便番号　153-0064
東京都目黒区下目黒3-6-1
☎03(3715)1501　Fax03(3715)2012
振替口座　00130-9-98842

Koga Hiromi © 2003

乱丁・落丁の場合は本社でお取替します　　印刷所　シナノ
定価は売上カード，カバーに表示

ISBN 4-7620-1198-3

水原道子編著 **社会人への準備** ──就職講座── B5判 144頁 本体1600円	本書は，学生が身に付けておくべき社会性を基本とし，就職試験やインターンシップに向かうときに，情報の収集・分析や，実際の行動が短時間で把握できるよう編集。巻末に筆記試験問題例を付す。 1168-1 C1037
古閑博美編著 **インターンシップ** ──職業教育の理論と実践── B5判 150頁 本体2000円	教育の一環として企業等で一定の期間就業体験を行うインターンシップが注目されている。日本と米国等の現状を解説し，インターンシップの実際に役立つマナー等，就職・実務能力アップも狙う。 1064-2 C3037
白鷗大学 川合雅子著 **キャリア発掘 わたしの適性・適職発見** ──短大・大学生版── B5判 136頁 本体1500円	自己理解を深め，就職したい職業選択や自己実現の道しるべを示した自己分析ノート。就職準備の情報収集や将来のライフスタイルを考えるのに最適。 0933-4 C3011
城西大学女子短期大学部 青島祐子著 **女性のキャリアデザイン** ──働き方・生き方の選択── 四六判 238頁 本体1700円	いま働いている女性たち，社会に出ようとしている女性たちへ，生涯を貫くものとしてキャリアを位置づけ，長期的な職業生活のシナリオを描く。キャリアデザインの考え方と手がかりを解説。 1047-2 C3037
藤原徹三・木村三千世・原田保秀著 **検定簿記概論** ──添削問題付── B5判 200頁 本体2300円	検定簿記試験等に挑戦しようとする学生・ビジネスマンにむけ，豊富な図解と演習，練習問題により効率よく学習できるよう編集。模擬添削問題を付し実力を試す。 1136-3 C3034
菊地史子・浅野浩子・福永晶彦著 **ビジネス実務事例研究** B5判 97頁 本体1300円	実践ビジネスの基本能力開発を主眼に，知識編と実践編の二部構成。実務能力の基本である表現力を養うため「話すこと」「書くこと」を取り上げ，ビジネス現場で社会人にふさわしい意思疎通を目指す。 0931-8 C3034
武蔵野短期大学 河田美惠子著 **実践ビジネス実務** B5判 221頁 本体2500円	ビジネスの心構えと実務の専門知識・技能をとりあげ，とくに「考える・話す・聞く・書く・読む」の五技能の習得に重点をおいた。著者の秘書としての実務経験に基づきわかりやすく解説。 0932-6 C3034
塚原昭人・木村三千世 田中雅子・黒田廣美 著 **ビジネス実務論** B5判 93頁 本体1300円	ビジネスの場でワーカーとして職務を遂行するための知識と理論を体系的に学ぶ入門書。全体像が把握しやすいように10章にまとめ，各章ごと問題集を付した。 1009-X C3034